BUKU KATEGORI SEMUA TUJUAN RINGAN DAN PEDAS

100 RESEPI PANAS DAN PEDAS YANG SEDAP

Helena Siaw Chee Key

Hak cipta terpelihara.

Penafian

Maklumat yang terkandung dalam e-book ini bertujuan untuk menjadi koleksi strategi yang komprehensif yang telah diteliti oleh penulis e-book ini. Ringkasan, strategi, petua dan helah hanya disyorkan oleh penulis, dan membaca e-buku ini tidak akan menjamin bahawa keputusan seseorang akan betul-betul mencerminkan hasil penulis. Pengarang e-book telah melakukan segala usaha yang munasabah untuk memberikan maklumat terkini dan tepat untuk pembaca e-book. Pengarang dan rakan-rakannya tidak akan bertanggungjawab atas sebarang kesilapan atau ketinggalan yang mungkin ditemui. Bahan dalam e-book mungkin termasuk maklumat daripada pihak ketiga. Bahan pihak ketiga mengandungi pendapat yang dinyatakan oleh pemiliknya. Seperti,

E-book adalah hak cipta © 2022 dengan semua hak terpelihara. Adalah menyalahi undang-undang untuk mengedar semula, menyalin atau mencipta karya terbitan daripada eBook ini, secara keseluruhan atau sebahagian. Tiada bahagian daripada laporan ini boleh diterbitkan semula atau dihantar semula dalam apa jua bentuk tanpa kebenaran bertulis yang nyata dan ditandatangani daripada pengarang.

Somario

- Penafian 1
- PENGENALAN 17
- JALAPENO 18
  - 1. Jalapeño Sumbat Rumah Ladang 19
    - bahan-bahan 20
    - Arah 20
  - 2. Jalapeño Jagung 21
    - bahan-bahan 22
    - Arah 22
  - 3. Jeli jalapeño 2.3
    - bahan-bahan 24
    - Arah 24
  - 4. Jalapeno manis 25
    - bahan-bahan 26
    - Arah 26
  - 5. Jalapeño Pesto 26

bahan-bahan 27

Arah 27

6. Steak dengan sos Jalapeño Argentina 28

bahan-bahan 29

Arah 29

7. Salsa Jalapeno Mexico 30

bahan-bahan 31

Arah 31

8. Kentang goreng Jalapeno 32

bahan-bahan 33

Arah 33

9. Jolly Molly Popcorn 34

bahan-bahan 35

Arah 35

10. Pembuka selera Monterey 36

Arah 37

11. Jalapeno hari Ahad 37

Arah 39

12. Jalapeño Fudge 40

Arah 41

13. Jalapeño Dip... 42

Arah 42

14. Kaserol Mexico dari California 43

Arah 44

15. Mexican baking dengan jalapeño 46

Arah 47

16. Jagung Barat Daya Pedas 48

Arah 49

17. Jalapeño Poppers 50

Arah 51

18. Jalapeños dari Texas 53

Arah 54

19. Balut daging panggang.. 55

Arah 56

20. Jalapeño Spread 56

Arah 57

21. Jalapeno dan jem beri 57

Arah 59

Arah 61

22. Monterey Enchilada 62

bahan-bahan 63

Arah 63

23. Sandwic Jalapeno 65

bahan-bahan 66

Arah 66

24. Pastri puff Jalapeno 68

bahan-bahan 69

Arah 69

25. Roti Jalapeno pedas 70

bahan-bahan 71

Arah 71

26. Sup Jalapeno 72

bahan-bahan 73

Arah 73

27. Jalapeno Chili Texas Style 74

bahan-bahan 75

Arah 75

28. Makan malam Caribbean-Mexico 77

bahan-bahan 78

Arah 78

29. Texas Jalapeño Chutney... 80

bahan-bahan 81

Arah 81

30. Cili Jalapeno Hungary 82

bahan-bahan 82

Arah 83

31. Sup kacang Mediterranean 84

    bahan-bahan 85

    Arah 85

32. Sos Mexico tradisional 87

    bahan-bahan 88

    Arah 88

33. Sup lentil 89

    bahan-bahan 90

    Arah 90

34. Mudah Dahl 91

    bahan-bahan 92

    Arah 92

35. Wonton berinspirasikan Asia 94

    bahan-bahan 95

    Arah 95

36. Wonton makan tengah hari Turki 96

    bahan-bahan 96

Arah 97

37. Wontons Louisville 98

bahan-bahan 99

sos 99

Arah 99

38. Beras Perang Mexico Ringan 100

bahan-bahan 101

Arah 101

39. Sup ayam Asia 103

bahan-bahan 104

Arah 104

40. Sos kari Kemboja 106

bahan-bahan 107

Arah 107

41. Cili putih 108

bahan-bahan 109

- Arah 109
- 42. Jalapeño Gazpacho 111
  - bahan-bahan 112
  - Arah 112
- 43. Salsa alpukat 113
  - bahan-bahan 113
  - Arah 114
- 44. Dunia Baru Ceviche 115
  - bahan-bahan 116
  - Arah 116
- 45. Popsikel Mexico Pedas 118
  - bahan-bahan 119
  - Arah 119
- 46. Lasagna Sepanyol 120
  - bahan-bahan 121
  - Arah 121
- 47. Fettuccine ayam berkrim 122

bahan-bahan 123

Arah 123

48. Chipotle coleslaw 124

Bahan 125

Arah 125

49. Jalapeno, Ketumbar dan Tilapia Mangga.....................126

bahan-bahan 127

Arah 127

50. Udang di Thailand 128

bahan-bahan 129

Arah 129

51. Ayam Jeruk... 131

bahan-bahan 132

Arah 132

52. Salad Jamaica..134

bahan-bahan 135

    Arah 135

53. Ayam kelapa 137

    bahan-bahan 137

    Arah 138

54. Kuskus Maya 139

    bahan-bahan 139

    Arah 140

55. Steak fajitas 141

    bahan-bahan 142

    Arah 142

56. Nasi merah Mexico 144

    bahan-bahan 145

    Arah 145

57. Salsa Hijau 147

    bahan-bahan 148

    Arah 148

THAI, SERRANO, CAYENNE CHILES 148

58. Krep dengan tepung kacang 149

    bahan-bahan 149

    Arah 150

59. Krep gandum 151

    bahan-bahan 152

    Arah 152

60. Masala Tofu Scramble 153

    bahan-bahan 154

    Arah 154

61. Masala Papad 156

    bahan-bahan 157

    Arah 157

62. Salad kacang pedas 158

    bahan-bahan 159

    Arah 159

63. Celup Terung Bakar 161

bahan-bahan 162

Arah 162

64. Petak sayur panggang 164

bahan-bahan 165

Arah 166

65. Goreng keledek pedas 167

bahan-bahan 168

Arah 169

66. Salad taugeh ibu 170

bahan-bahan 171

Arah 171

67. Salad tomato, timun dan bawang 172

bahan-bahan 173

Arah 173

68. Salad Popper Jalanan dengan kacang ayam 174

bahan-bahan 175

Arah 175

69. Salad lobak merah rangup 177

    bahan-bahan 178

    Arah 178

70. Beras Perang dan Adzuki Bean Dhokla 179

    Arah 180

71. Salad India Utara hangat 182

    bahan-bahan 183

    Arah 183

72. Salad jalanan yang sejuk 185

    bahan-bahan 186

    Arah 186

73. Kacang Masala Quickie atau Lentil 188

    bahan-bahan 189

    Arah 189

74. Salad Kekacang dengan Kelapa 191

    bahan-bahan 192

Arah 192

75. Kacang kari atau lentil 193

    bahan-bahan 194

    Arah 194

76. Kari inspirasi Goan dengan santan 195

    bahan-bahan 197

    Arah 198

77. Kekacang Chana Masala 198

    bahan-bahan 199

    Arah 199

78. Kacang kari Punjabi .... dua ratus

    bahan-bahan 201

    Arah 202

79. Kacang dan lentil masak perlahan 203

    bahan-bahan 204

    Arah 204

80. Chana dan Belah Moong Dal dengan Serpihan Lada 205

bahan-bahan 205

Arah 206

81. Tauhu dan tomato berempah 207

bahan-bahan 208

Arah 209

82. Kentang kentang dengan jintan manis 209

bahan-bahan 211

Arah 211

83. Kentang kentang dengan biji sawi 213

bahan-bahan 214

Arah 214

84. Kubis Gaya Punjabi 216

bahan-bahan 217

Arah 218

85. Kobis dengan biji sawi dan kelapa 219

bahan-bahan 220

- Arah 220
- 86. Kacang dengan kentang 221
  - bahan-bahan 222
  - Arah 222
- 87. Terung dengan kentang 223
  - bahan-bahan 224
  - Arah 225
- 88. Brussels Sprouts Masala 226
  - bahan-bahan 227
  - Arah 227
- 89. Roti terung yang disumbat dengan gajus 229
  - bahan-bahan 230
  - Arah 231
- 90. Bayam Berempah dengan "Paneer" 232
  - bahan-bahan 233
  - Arah 234
- 91. Kacang bendi 235

bahan-bahan 236

Arah 236

92. Ayam Cina Panas dan Berempah 237

93. Kacang pedas 239

bahan-bahan 240

Arah 240

Perencah panas 240

94. Poppers dengan kacang ayam 241

bahan-bahan 242

Arah 242

95. Salad jagung jalanan 243

bahan-bahan 244

Arah 244

96. Salad buah masala 245

bahan-bahan 246

Arah 246

97. Kentang bayam fenugreek 247

    bahan-bahan 248

    Arah 248

98. Kacang Masala panggang atau lentil 250

    bahan-bahan 251

    Arah 251

99. Kacang dengan daun kari 252

    bahan-bahan 253

100. Kari yang diilhamkan oleh Sambhar di atas dapur 254

    bahan-bahan 255

    Arah 255

PENGENALAN

Cili menambah warna pada hidangan selain daripada panas. Cili merah kisar digunakan untuk menyedapkan daging dan sos, manakala cili hijau menyedapkan chutney dan makanan yang digoreng. Lada cili boleh menjadi panas tanpa mengira warnanya. Capsicum atau lada benggala hijau, sentiasa lebih lembut dalam rasa, menambah tekstur.

Garam masala (rempah pedas dalam bahasa Hindi) serupa dengan serbuk lada sulah. Ia adalah campuran rempah yang berguna untuk perasa hampir semua hidangan India. Sebaiknya dapatkan rempah segar dan panggang sebelum dikisar. Ia akan disimpan selama kira-kira 3 bulan dalam balang kedap udara. Rempah boleh menghasilkan yang terbaik dalam mana-mana ramuan, dan aroma boleh mewujudkan selera makan yang sihat di seluruh kawasan kejiranan. Orang India kuno percaya bahawa makanan yang baik harus menarik semua deria. Ini semua soal perkadaran - tekstur, warna, rasa dan rasa yang betul.

Bertentangan dengan kepercayaan popular, makanan "pedas" tidak terhasil
ulser. Halia, misalnya, digunakan dalam perubatan oriental sebagai "penawar" untuk pelbagai penyakit, termasuk sakit kepala untuk peremajaan badan. Dalam cerita rakyat, halia dipuji

sebagai pemulihan dan sebagai afrodisiak. Akar yang berasa pedas ini membantu penghadaman. Ramuan akar ini, "saudara" rapat ginseng Cina, membantu penghadaman. Begitu juga, kunyit digunakan secara meluas sebagai pengawet, penambah rasa (menggantikan MSG untuk mengelakkan "sindrom restoran Cina") dan bahan tambahan makanan. Ramuan ini menduduki tempat yang menonjol dalam perubatan oriental tradisional.

JALAPENO

1. Ranch Stuffed Jalapeño

Hidangan: 10

bahan-bahan

- 1 pakej (8 oz.) krim keju, dilembutkan
- 1 cawan keju Cheddar yang dicincang
- 1/4 cawan mayonis
- 1 pakej (1 oz.) campuran sos salad kering
- 1 1/2 sudu teh serbuk bawang putih
- 20 lada jalapeno besar, dibelah dua dan dibiji
- 1 lb. daging ayam belanda yang dihiris, dipotong dua

Arah

1. Tetapkan ketuhar kepada 400 darjah F sebelum melakukan apa-apa lagi.
2. Dalam mangkuk besar, masukkan semua bahan kecuali lada jalapeno dan bacon.

3. Sumbat bahagian jalapeño dengan campuran keju dan balut dengan sekeping bacon.

4. Selamatkan semuanya dengan pencungkil gigi dan susun dalam kuali ayam pedaging.

5. Masak semuanya di dalam ketuhar selama kira-kira 20 minit.

2. Jalapeño Jagung

Bahagian: 4

bahan-bahan

- 6 biji jagung segar, bijirin dipotong dari tongkolnya
- 2 lada jalapeno segar, dibiji dan dipotong dadu 1/3 cawan bawang besar
- 2 sudu besar pimento cincang
- 2 sudu besar mentega, potong
- garam dan lada hitam tanah secukup rasa

Arah

1. Dalam mangkuk selamat gelombang mikro, satukan lada jalapeno, bawang, jagung dan mentega.
2. Tutup mangkuk dengan bungkus plastik dan ketuhar gelombang mikro selama kira-kira 4 minit, kacau setiap 1 minit.
3. Perasakan dengan garam dan lada hitam dan hidangkan.

3. Jeli jalapeño

Hidangan: 32

bahan-bahan

- 1 lada benggala hijau besar
- 12 lada jalapeno
- 1 1/2 cawan cuka sari apel
- 1 secubit garam
- 4 1/4 cawan gula pasir
- 4 oz. pektin cecair
- 4 lada jalapeno, dibiji dan dicincang halus

Arah

1. Dalam pemproses makanan, masukkan 12 lada jalapeno dan lada benggala dan kisar sehingga dicincang halus.
2. Satukan campuran lada dalam periuk besar dengan cuka sari dan biarkan mendidih.
3. Rebus semuanya selama kira-kira 15-20 minit.

4. Susun 2 lapisan tuala teh di atas mangkuk dan tapis campuran lada dengan menekan.

5. Dalam kuali yang sama, masukkan 1 cawan cecair lada, gula, dan garam di atas api sederhana tinggi dan kacau sehingga gula larut sepenuhnya.

6. Didihkan semuanya dan masak adunan selama kira-kira 1 minit.

7. Kacau dalam cecair pektin dan baki lada jalapeno dan pindahkan campuran ke dalam balang yang disterilkan, meninggalkan kira-kira 1/4 inci ruang kepala di bahagian atas.

8. Tutup balang dan proseskannya dalam mandi air panas.

9. Sejukkan jeli selepas membuka balang.

4. Jalapeno manis

Hidangan: 74

bahan-bahan

- 1 gelen lada jalapeno dipotong dadu
- 5 paun gula putih

Arah

1. Toskan jumlah air yang diperlukan dari balang lada jalapeño.
2. Masukkan gula dan tutup balang dan ketepikan sekurang-kurangnya 1 minggu, buang balang setiap hari.

5. Jalapeño Pesto

Hidangan: 14

bahan-bahan

- 1/4 cawan walnut
- 2 ulas bawang putih
- 2 cawan daun selasih segar yang dibungkus
- 3/4 cawan keju Parmagiano-Reggiano yang dicincang
- 1 lada jalapeno, buang batangnya
- 2/3 cawan minyak zaitun
- garam dan lada hitam tanah secukup rasa

Arah

1. Dalam pemproses makanan, masukkan bawang putih dan walnut dan nadi sehingga dicincang halus.
2. Masukkan baki bahan kecuali minyak dan nadi sehingga sebati.

3. Dengan motor berjalan, perlahan-lahan masukkan minyak dan nadi sehingga licin.

6. **Steak dengan sos Jalapeño Argentina**

Hidangan: 6

bahan-bahan

- 4 lada jalapeno, bertangkai
- 4 ulas bawang putih, dikupas
- 1 1/2 sudu teh lada hitam pecah
- 1 sudu besar garam kasar
- 1/4 cawan jus lemon
- 1 sudu besar oregano kering
- 1 1/2 paun. stik sirloin

Arah

1. Dalam pengisar, masukkan bawang putih, lada jalapeno, oregano, garam, lada hitam, dan jus lemon dan kisar sehingga rata.

2. Pindahkan campuran jalapeño ke dalam hidangan pembakar cetek.

3. Masukkan stik dan salutkan dengan banyak adunan.

4. Sejukkan, bertutup, selama kira-kira 8 jam.

5. Tetapkan gril pada api yang tinggi dan gris gril.

6. Masak lada di atas panggangan selama kira-kira 5 minit di kedua-dua belah pihak.

7. Salsa Jalapeño Mexico

bahan-bahan

- 10 lada jalapeño segar
- 2 biji tomato
- 1 biji bawang putih, dibelah empat
- 1/4 cawan ketumbar cincang segar, atau lebih secukup rasa 2 ulas bawang putih, 1 limau nipis dihancurkan, dengan jus
- 1 sudu teh garam
- 1 sudu kecil lada hitam dikisar

Arah

1. Dalam periuk besar air, masukkan lada jalapeno dan biarkan mendidih.
2. Rebus semuanya selama kira-kira 10-12 minit.
3. Dengan sudu berlubang, keluarkan lada jalapeno dari air.
4. Keluarkan batang dan masukkan ke dalam pengisar.
5. Dalam kuali yang sama dengan air, rebus tomato selama kira-kira 2-3 minit.
6. Dengan sudu berlubang, keluarkan tomato dari air.

7. Kupas tomato dan letakkannya dalam pengisar dengan lada jalapeño.

8. Masukkan baki bahan dan putar hingga rata.

8. Kentang Goreng Jalapeño

bahan-bahan

- 2 cawan minyak sayuran, atau mengikut keperluan
- 1 cawan tepung serba guna
- 2 sudu besar serbuk bawang putih
- garam dan lada hitam tanah secukup rasa
- 6 lada jalapeno - dibelah dua, dibiji dan dihiris
- 2 biji telur

Arah

1. Dalam kuali besar, panaskan minyak dengan api sederhana.
2. Dalam mangkuk cetek, pecahkan telur dan pukul dengan baik.
3. Dalam mangkuk cetek lain, pukul bersama tepung, serbuk bawang putih, garam, dan lada hitam.
4. Salutkan hirisan lada jalapeno dengan telur dan canai dalam adunan tepung hingga sekata.

5. Masukkan hirisan jalapeño ke dalam minyak panas secara berkelompok dan goreng selama kira-kira 2-3 minit pada setiap sisi.

9. Jolly-Molly Popcorn

bahan-bahan

- 1/4 cawan minyak sayuran, dibahagikan
- 6 keping lada jalapeño jeruk, toskan
- 1/3 cawan biji popcorn
- 1/4 cawan mentega, cair
- 1 bungkusan (1 oz.) campuran sos ladang

Arah

1. Dalam kuali kecil, panaskan 2 sudu besar minyak di atas api sederhana tinggi dan goreng lada jalapeno selama kira-kira 3-5 minit.
2. Dengan sudu berlubang, pindahkan lada jalapeno ke dalam pinggan dan potong.
3. Dalam kuali besar, panaskan baki minyak di atas api sederhana tinggi dan masukkan 4 biji popcorn.
4. Tutup dan masak sehingga popcorn mula meletus.
5. Letakkan biji popcorn yang tinggal dalam kuali dalam satu lapisan.

6. Tutup kuali dan keluarkan semuanya dari api selama kira-kira 30 saat.

7. Letakkan kuali di atas api dan rebus semuanya selama kira-kira 1-2 minit, sambil perlahan-lahan menggoncang kuali.

8. Keluarkan kuali dari api dan pindahkan popcorn ke mangkuk besar.

9. Masukkan campuran mentega cair dan ranch dressing dan kacau hingga sebati.

10. Hidangkan popcorn dengan topping lada jalapeño yang dihancurkan.

10. Pembuka selera Monterey

bahan-bahan

- 12 jalapeños kecil
- 6 oz. Keju Monterey Jack, dipotong dadu
- 1 cawan salami kosher keras yang dihiris nipis
- pencungkil gigi kayu

Arah

1. Tetapkan gril pada api yang tinggi dan gris gril.
2. Keluarkan batang, membran dan biji dari lada jalapeño.
3. Sumbat setiap lada dengan keju dan balut setiap satu dengan sekeping salami.
4. Selamatkan segala-galanya dengan pencungkil gigi dan panggang sehingga perang di kedua-dua belah pihak, pusing sekali-sekala.

11. Ahad jalapeños

bahan-bahan

-
  2 (7 oz.) tin jalapeños
- 6 oz. Campuran keju parut ala Mexico
- 1 lb. sosej daging lembu, panas
- 1 pakej (5.5 oz.) campuran salutan perasa pedas

Arah

1. Tetapkan ketuhar kepada 350 darjah F sebelum melakukan apa-apa lagi.
2. Potong lada jalapeno memanjang, kemudian keluarkan batang, membran dan biji.
3. Sumbat setiap lada dengan keju.
4. Letakkan sosej di antara 2 lapisan bungkus plastik dan gulung nipis dengan pin penggelek.
5. Balut lada jalapeno dengan hirisan nipis sosej.
6. Salutkan lada jalapeño dengan campuran salutan berperisa.

7. Masak semuanya dalam ketuhar selama kira-kira 15-25 minit.

12. Jalapeño Fudge

bahan-bahan

-
  6 biji telur
- 1 1/4 paun. keju Cheddar yang dicincang
- 1 tin (4 oz.) lada jalapeño dipotong dadu

Arah

1. Tetapkan ketuhar kepada 350 darjah F sebelum melakukan apa-apa lagi dan griskan sedikit loyang 12 x 9 inci.
2. Dalam mangkuk, pecahkan telur dan pukul.
3. Masukkan lada jalapeno dan keju Cheddar dan gaul hingga sebati.
4. Pindahkan adunan secara rata ke dalam loyang yang telah disediakan.
5. Masak semuanya dalam ketuhar selama kira-kira 20-25 minit.

13. Jalapeño Dip

2 biji lada jalapeño segar, dibiji, dibuang biji dan dicincang

- 1 bekas (16 oz.) krim
- 1 pakej (1 oz.) campuran sos salad kering
- 1 sudu besar serbuk bawang putih
- 2 sudu besar ketumbar cincang segar

bahan-bahan

•

Arah

1. Dalam pemproses makanan, masukkan semua bahan dan nadi sehingga homogen.

2. Sejukkan, bertutup, selama kira-kira 1 jam hingga semalaman sebelum dihidangkan.

14. Kaserol Mexico California

4 biji kentang rebus

- 2 cawan susu
- 3 sudu besar tepung
- 1 sudu teh garam
- 1/4 sudu kecil lada hitam dikisar 1/4 sudu kecil serbuk bawang putih
- 1 cawan keju cheddar parut
- 1 tin (4 oz.) lada jalapeño dipotong dadu
- 1 balang (2 oz.) lada sulah yang dicincang, toskan

Arah

1. Tetapkan ketuhar kepada 350 darjah F sebelum melakukan apa-apa lagi dan griskan sedikit loyang yang besar.

2. Dalam periuk besar air mendidih, rebus kentang selama kira-kira 15-18 minit.

3. Toskan dengan baik dan ketepikan supaya sejuk.

4. Bersihkan dan potong kentang, kemudian pindahkan semuanya ke dalam kaserol yang disediakan.

bahan-bahan

●

5. Dalam mangkuk kecil, pukul bersama tepung, serbuk bawang putih, garam, dan lada hitam.

6. Dalam kuali, masukkan susu di atas api sederhana dan masukkan adunan tepung perlahan-lahan, pukul berterusan.

7. Masak semuanya, pukul berterusan, sehingga adunan menjadi pekat.

8. Masukkan lada jalapeño dan keju cheddar dan teruskan masak, kacau sehingga keju cair.

9. Sudukan sos secara rata ke atas kentang dan tutup rata dengan pimento.

10. Masak semuanya dalam ketuhar selama kira-kira 30 minit.

bahan-bahan
15. Mexican baking dengan jalapeño

- 4 biji telur
- 2 1/2 cawan keju gaya Mexico yang dicincang
- 16 oz. hirisan jalapeño jeruk

Arah

1. Panaskan ketuhar hingga 350 darjah F sebelum melakukan apa-apa lagi dan sapukan sedikit loyang 8 x 8 inci.
2. Dalam mangkuk, pecahkan telur dan pukul.
3. Pindahkan telur ke bahagian bawah hidangan pembakar yang disediakan.
4. Letakkan lada jalapeno di atas telur secara rata, tinggalkan beberapa lada.
5. Letakkan keju di atas lada jalapeno dan atas dengan lada yang tinggal.
6. Masak semuanya dalam ketuhar selama kira-kira 30 minit.

bahan-bahan
16. Jagung Barat Daya Berempah

- 2 sudu teh minyak zaitun
- 1 lada jalapeño besar, dicincang
- 2 sudu besar bawang besar dipotong dadu
- 1 1/2 cawan jagung beku, dicairkan
- garam dan lada hitam tanah secukup rasa
- 1 sudu besar ketumbar cincang segar

Arah

1. Dalam kuali besar, panaskan minyak di atas api sederhana sederhana dan tumis lada jalapeno selama kira-kira 5 minit.
2. Masukkan bawang dan tumis lebih kurang 2 minit.
3. Masukkan jagung, garam dan lada hitam dan tumis selama lebih kurang 5 minit.
4. Kacau dalam ketumbar dan masak selama kira-kira 30-60 saat.

bahan-bahan
17. Jalapeño Poppers

12 oz. krim keju, lembut

1 bungkusan (8 oz.) keju Cheddar yang dicincang

1 sudu besar kepingan daging soya

12 oz. lada jalapeno, dibiji dan dibelah dua

1 cawan susu

1 cawan tepung serba guna

1 secawan serbuk roti kering

2 liter minyak untuk menggoreng

Arah

1. Dalam mangkuk, campurkan bacon, keju cheddar dan keju krim.

2. Dalam mangkuk cetek, masukkan susu dan dalam mangkuk cetek lain, masukkan tepung.

3. Dalam mangkuk cetek ketiga, letakkan serbuk roti.

4. Sumbat lada jalapeno dengan adunan keju.

bahan-bahan

5. Rendam lada jalapeño dalam susu kemudian canai rata dalam tepung.

6. Letakkan lada jalapeño di atas pinggan selama kira-kira 10 minit untuk kering.

7. Sekarang rendamkan jalapeños sekali lagi dalam susu, kemudian canai rata dalam serbuk roti.

8. Letakkan lada jalapeno di atas pinggan untuk kering.

9. Salutkan lagi lada jalapeno dalam serbuk roti.

10. Dalam kuali, panaskan minyak hingga 365 darjah F sebelum meneruskan.

11. Masak poppers jalapeño selama kira-kira 2-3 minit.

12. Pindahkan poppers jalapeño ke dalam pinggan berlapik tuala kertas untuk toskan.

bahan-bahan
18. Jalapeno Texas

1 lb. sosej ayam belanda tanah

1 pakej (8 oz.) krim keju, dilembutkan

1 cawan Parmesan yang dicincang

1 lb. lada jalapeño segar yang besar, dibelah dua memanjang dan dibiji 1 botol (8 oz) pembalut ladang

Arah

1. Tetapkan ketuhar kepada 425 darjah F sebelum melakukan perkara lain.

2. Panaskan kuali besar dengan api sederhana dan masak daging lembu sehingga keperangan sepenuhnya.

3. Buang lemak dari kuali.

4. Pindahkan sosej ke dalam mangkuk dengan parmesan dan keju krim dan gaul rata.

5. Sumbat bahagian lada jalapeño dengan adunan keju dan susunkannya di atas loyang.

6. Masak semuanya di dalam ketuhar selama lebih kurang 20 minit.

bahan-bahan

19. Balut daging panggang

6 lada jalapeño segar, dibelah dua memanjang dan dibiji

1 pakej (8 oz.) krim keju

12 keping daging ayam belanda

Arah

1. Tetapkan gril kepada api yang tinggi dan gris gril.

2. Sumbat bahagian lada jalapeño dengan keju krim dan bungkusnya dengan hirisan bacon.

3. Bakar lada sehingga bacon garing.

20. Jalapeño Spread

bahan-bahan

- 2 bungkusan (8 oz.) krim keju, dilembutkan
- 1 cawan mayonis
- 1 tin (4 oz.) cili hijau dicincang, toskan
- 2 oz. lada jalapeño dalam tin dipotong dadu, pendek
- 1 cawan parmesan parut

Arah

1. Dalam mangkuk besar yang selamat untuk microwave, tambah mayonis dan keju krim dan gaul rata.
2. Campurkan jalapeño dan lada hijau dan atas dengan parmesan.
3. Ketuhar gelombang mikro pada suhu tinggi selama kira-kira 3 minit.

bahan-bahan
21.Jalapeno dan jem beri

- 4 cawan strawberi dihancurkan
- 1 cawan lada jalapeño dicincang
- 1/4 cawan jus lemon
- 1 bungkusan (2 oz.) serbuk pektin buah
- 7 cawan gula putih
- 8 balang pengetinan separuh pain dengan penutup dan cincin, disterilkan

Arah

1. Dalam kuali besar, satukan lada jalapeno, strawberi yang dihancurkan, pektin, dan jus lemon dengan api yang tinggi dan biarkan mendidih.
2. Masukkan gula dan kacau sehingga larut sepenuhnya.
3. Bawa semuanya kembali mendidih dan masak selama kira-kira 1 minit.
4. Pindahkan jem ke dalam balang steril yang panas, tinggalkan kira-kira 1/4 inci ruang di bahagian atas.
5. Keluarkan buih dari jem dengan memasukkan pisau ke dalam balang.

bahan-bahan
6. Tutup balang dan proses dalam mandi air panas.

Cendawan dan jalapeño

2 keping semburan masak

dengan daging ayam belanda

1 1/2 sudu teh minyak zaitun

8 cendawan, batang dibuang dan dicincang dan topi dikhaskan

1 ulas bawang putih, dikisar

1 lada jalapeno, rusuk dan biji dikeluarkan, halus

1 pakej (3 oz.) krim keju, dilembutkan

3 sudu besar garam laut keju Cheddar yang dicincang secukup

rasa lada hitam kisar secukup rasa

Arah

1. Tetapkan ketuhar kepada 350 darjah F sebelum melakukan apa-apa lagi dan griskan sedikit loyang.

2. Panaskan kuali besar di atas api sederhana besar dan masak bacon selama kira-kira 10 minit.

3. Pindahkan bacon ke pinggan berlapik tuala kertas untuk toskan, kemudian hancurkan.

4. Sementara itu, dalam kuali lain, panaskan minyak dengan api sederhana dan tumis batang cendawan, lada jalapeno dan bawang putih lebih kurang 10 minit.

5. Dalam mangkuk besar, masukkan bacon, bancuhan cendawan, keju cheddar, keju krim, garam dan lada hitam dan gaul rata.

6. Isi penutup cendawan dengan bacon bacon dan susun dalam satu lapisan dalam loyang yang telah disediakan.

7. Masak semua dalam ketuhar selama kira-kira 15-20 minit.

bahan-bahan

22. Enchilada Monterey

bahan-bahan

3 bahagian dada ayam tanpa kulit dan tanpa tulang

1 sudu kecil lada cayenne 1/2 sudu teh serbuk bawang putih garam dan lada hitam dikisar secukup rasa 2 sudu besar mentega

1 bawang besar, dicincang

2 lada jalapeno, dibiji dan dicincang

1 pakej (8 oz.) krim keju

1/2 sudu kecil lada cayenne

1 sudu besar serbuk bawang putih

1/2 sudu teh paprika

1/2 sudu kecil serbuk cili

1/2 sudu teh jintan halus

1 tin (28 oz.) sos enchilada hijau

7 Tortilla tepung

8 oz. keju Monterey Jack yang dicincang, dibahagikan

Arah

1. Tetapkan ketuhar kepada 350 darjah F sebelum melakukan perkara lain.

2. Taburkan dada ayam dengan 1 sudu kecil lada cayenne, 1/2 sudu kecil serbuk bawang putih, garam dan lada hitam dan susun dalam loyang.

3. Masak semuanya di dalam ketuhar selama lebih kurang 45 minit.

4. Keluarkan semua dari ketuhar dan ketepikan sehingga sejuk sepenuhnya, kemudian dengan 2 garfu, carik ayam.

5. Dalam kuali besar, cairkan mentega dengan api sederhana dan tumis lada jalapeno dan bawang selama kira-kira 5 minit.

6. Masukkan cream cheese dan masak sehingga cheese cair.

7. Masukkan ayam masak dan baki lada cayenne, serbuk bawang putih, serbuk cili, paprika dan jintan manis dan angkat dari api.

8. Di bahagian bawah hidangan 13x9 inci, sapukan separuh daripada sos enchilada hijau.

9. Susun tortilla pada permukaan yang licin.

10. Letakkan adunan ayam di tengah setiap tortilla dan atasnya dengan separuh keju Monterey Jack.

11. Gulungkan tortilla dan susun atas sos dalam dulang pembakar.

12. Teratas dengan baki sos dan baki keju Monterey Jack.

13. Masak semua dalam ketuhar selama kira-kira 30-35 minit.

23. Sandwic Jalapeño

bahan-bahan

- 2 oz. krim keju, lembut
- 1 sudu besar krim masam
- 10 keping lada jalapeño jeruk, atau secukup rasa - dicincang
- 2 gulung sandwic ciabatta
- 4 sudu teh mentega
- 8 keping tortilla, ditumbuk

Arah

1. Dalam mangkuk, campurkan jeruk jalapeños, krim masam dan keju krim dan ketepikan.

2. Panaskan kuali besar dengan api sederhana.

3. Potong setiap gulungan ciabatta separuh secara mendatar, kemudian potong bahagian atas bulat dari gulungan untuk membentuk separuh atas rata.

4. Letakkan kira-kira 1 sudu teh mentega di atas bahagian potong bun bawah dan bun atas diratakan.

5. Letakkan separuh daripada adunan krim keju, kerepek hancur dan keju yang dicincang di bahagian bawah bun bawah yang tidak digosok.

6. Susun separuh bahagian atas roti di atas untuk membuat sandwic.

7. Ulang dengan sandwic yang tinggal.

8. Masak sandwic dalam kuali panas selama kira-kira 3-5 minit.

9. Balikkan setiap satu dengan teliti dan masak sehingga keju cair.

24. Pastri puff Jalapeño

bahan-bahan

12 kerang tart filo mini

4 oz. krim keju, lembut

1/2 cawan keju Cheddar yang dicincang

2 lada jalapeño, dibiji dan dicincang 1

sudu besar sos lada panas ketulan bacon

soya

Arah

1. Tetapkan ketuhar kepada 400 darjah F sebelum melakukan apa-apa lagi dan susun cawan phyllo pada lembaran pembakar.

2. Dalam mangkuk, campurkan bersama lada jalapeno, keju Cheddar, keju krim dan sos panas.

3. Bahagikan adunan ke dalam cawan filo dan atasnya dengan potongan bacon.

4. Masak semua dalam ketuhar selama lebih kurang 15-20 minit.

25. Roti Jalapeno pedas

bahan-bahan

2/3 cawan marjerin, dilembutkan

2/3 cawan gula putih

2 cawan tepung jagung

1 1/3 cawan tepung serba guna

4 1/2 sudu teh serbuk penaik

1 sudu teh garam

3 biji telur besar

1 2/3 cawan susu

1 cawan lada jalapeño segar yang dicincang

Arah

1. Panaskan ketuhar hingga 400 darjah F sebelum melakukan apa-apa lagi dan sapukan sedikit loyang bersaiz 13 x 9 inci.

2. Dalam mangkuk besar, masukkan gula dan marjerin dan pukul sehingga rata.

3. Dalam mangkuk kedua, campurkan tepung, buttermilk, serbuk penaik dan garam.

4. Dalam mangkuk ketiga, masukkan susu dan telur dan pukul sebati.

5. Masukkan lebih kurang 1/3 adunan tepung dan telur ke dalam adunan gula dan pukul sehingga sebati.

6. Ulangi dengan adunan yang tinggal dan masukkan lada jalapeno.

7. Pindahkan campuran sama rata ke dalam hidangan pembakar yang disediakan dan masak segala-galanya di dalam ketuhar selama kira-kira 22-26 minit.

26. Sup Jalapeno

bahan-bahan

- 6 cawan sup ayam
- 2 cawan saderi cincang
- 2 cawan bawang cincang
- 1 sudu teh garam bawang putih
- 2 paun Kiub keju cheddar
- 1 cawan lada jalapeño dipotong dadu

Arah

1. Dalam kuali besar, kacau bersama bawang, saderi, garam bawang putih dan stok di atas api besar dan masak selama kira-kira 10 minit.
2. Keluarkan semuanya dari api dan pindahkan semuanya ke dalam pengisar dengan keju dan nadi sehingga halus.
3. Letakkan adunan sup dalam kuali dengan api sederhana.
4. Masukkan lada jalapeno dan masak sehingga panas.

27. Jalapeno Chili Texas Style

bahan-bahan

2 bungkusan (12 oz.) Sosej Ayam Jalapeño Pedas

2 sudu besar minyak zaitun

1/2 cawan bawang cincang

1 lada hijau, dicincang

1 lada merah, dicincang

1 lada kuning, dicincang 1/2 lada jalapeno, dicincang

3 ulas bawang putih

2 (15 oz.) boleh kacang soya hitam

3 Sudu besar serbuk cili

1 sudu teh jintan kisar

1 sudu teh oregano kering

2 daun salam

1/4 cawan krim

Arah

1. Dalam kuali besar, panaskan minyak dan goreng sosej, lada benggala, lada jalapeno, bawang besar dan bawang putih selama kira-kira 4-5 minit.

2. Masukkan baki bahan-bahan dan kecilkan api kepada perlahan.

3. Rebus semuanya selama kira-kira 20 minit.

4. Hidangkan dengan topping krim.

28. Makan malam Caribbean-Mexico

bahan-bahan

1 sudu teh minyak kelapa

1 1/2 cawan beras basmati - masak dalam 10 minit

2 (13.5 oz.) boleh santan ringan 2 biji limau nipis,

garam dengan perahan dan jus, secukup rasa

Jagung Panggang, Jalapeño dan Ayam:

4 tortilla jagung, potong setiap satunya menjadi jalur 1/4 inci semburan masak nonstick

2 lada jalapeno

1 tin (15.25 oz) jagung isirung penuh, toskan dengan baik

1 sudu besar minyak kanola, dibahagikan

8 oz. dada ayam tanpa kulit, tanpa tulang, potong kecil

2 sudu besar serbuk cili

1 sudu besar jintan halus

1 cawan kacang hitam dalam tin, toskan

1 cawan tomato cincang segar

1 buah avocado - dikupas, diadu dan dipotong dadu

4 sudu besar krim masam

Arah

1. Tetapkan ketuhar kepada 400 darjah F sebelum melakukan apa-apa lagi dan griskan sedikit loyang.

2. Dalam kuali besar, panaskan minyak dengan api sederhana dan goreng nasi lebih kurang 1 minit.

3. Masukkan santan, kemudian besarkan api dan biarkan semuanya mendidih.

4. Kecilkan api kepada perlahan dan reneh, bertutup, selama kira-kira 35 minit.

5. Keluarkan semuanya dari api dan simpan di tepi, bertutup, selama kira-kira 10 minit.

6. Pukul beras dengan garfu dan campurkan kulit limau, garam dan jus lemon.

7. Tutup kuali untuk memastikan ia hangat.

8. Susun jalur tortilla pada lembaran pembakar yang disediakan dan masak semuanya di dalam ketuhar selama kira-kira 30 minit.

9. Dengan penyepit, pegang lada jalapeno dan letakkan di atas penunu dapur selama kira-kira 3 minit, pusingkan lada secara berterusan.

10. Segera pindahkan lada ke dalam beg plastik dan tutup rapat, kemudian ketepikan selama kira-kira 5-10 minit.

11. Buang batang, kulit dan biji, kemudian potong.

12. Salutkan kuali nonstick dengan semburan masak dan panaskan dengan api yang sederhana tinggi.

13. Masukkan jagung dan masak lebih kurang 1-3 minit.

14. Pindahkan jagung ke dalam mangkuk.

15. Dalam kuali yang sama, panaskan minyak dengan api sederhana besar dan goreng ayam, jintan putih dan serbuk cili selama lebih kurang 2-3 minit.

16. Masukkan jagung dan kacang dan masak lebih kurang 5 minit.

17. Bahagikan nasi ke dalam mangkuk hidangan dan atas dengan campuran ayam dan tomato.

18. Hidangkan dengan topping krim masam bersama jalur tortilla.

29. Texas Jalapeño Chutney

bahan-bahan

5 pic, masak

2 jalapeños, buang batang, potong dadu

1 sudu besar halia, dicincang halus

1 sudu gula

1 sudu teh kayu manis tanah

2 sudu teh jus lemon

Arah

1. Kupas pic, kemudian keluarkan lubang dan potong 3 daripadanya ke dalam mangkuk.

2. Dalam pengisar, masukkan baki pic dan nadi sehingga puri.

3. Dalam kuali, satukan puri pic, halia, jalapeño, gula, jus limau nipis dan kayu manis di atas api sederhana.

4. Rebus, kacau dari semasa ke semasa, selama kira-kira 5-6 minit.

5.Masukkan pic cincang dan masak semuanya, kacau sekali-sekala selama kira-kira 3 minit atau sehingga ketebalan chutney yang dikehendaki.

6. Tanggalkan semuanya dari api dan biarkan sejuk sebelum dihidangkan.

30. Cili Jalapeño Hungary

bahan-bahan

- 2 sudu besar minyak zaitun
- 2 ulas bawang putih kisar
- 1 biji bawang besar, cincang kasar
- 1 lada benggala merah, dicincang kasar
- 2 lada jalapeño, dibiji dan dihiris
- 1 tin (15 oz.) sos tomato

- 1 tin (28 oz) tomato dihancurkan
- 3/4 cawan sirap maple
- 1 tin (40 oz) kacang, toskan
- 1 sudu besar lada hitam dikisar kasar
- 2 sudu besar serbuk cili
- 4 paun kisar daging lembu
- Garam secukup rasa

Arah

1. Dalam kuali besar, panaskan minyak dengan api sederhana, lada benggala dan bawang dan tumis selama kira-kira 5-6 minit.
2. Masukkan bawang putih dan jalapeño dan masak selama kira-kira 1 minit.
3. Masukkan kacang, tomato, sos tomato, sirap maple, cili, dan lada hitam dan biarkan mendidih.
4. Kurangkan haba kepada rendah.

5. Sementara itu, panaskan kuali tidak melekat yang besar di atas api sederhana tinggi dan masak daging lembu garam selama kira-kira 8-10 minit.

6. Buang lemak berlebihan dan pindahkan daging lembu ke dalam kuali dengan campuran kacang.

7. Reneh, kacau sekali-sekala, selama kira-kira 1 jam.

8. Masukkan garam dan teruskan masak selama 5 minit lagi.

31. Sup kacang Mediterranean

bahan-bahan

- 2 sudu besar minyak zaitun
- 5 ulas bawang putih, cincang
- 2 lada jalapeno, dicincang
- 1 sudu teh jintan kisar
- 1 sudu teh oregano kering
- 2 tin (14 oz) kacang ayam, toskan dan bilas
- 2 tin (14 oz.) sup sayur-sayuran
- 2 cawan air
- 5 sudu besar jus lemon segar
- 1/3 cawan ketumbar segar, dicincang
- garam dan lada

Arah

1. Dalam kuali sup besar, panaskan minyak di atas api sederhana dan tumis jalapeño dan bawang putih sehingga perang.

2. Masukkan biji oregano dan jintan manis dan goreng selama beberapa minit.

3. Campurkan kacang ayam, air dan stok dan rebus semuanya selama kira-kira 20 minit.

4. Masukkan rempah, ketumbar dan jus lemon dan reneh selama kira-kira 5 minit.

32. Sos Mexico tradisional

bahan-bahan

2 tin tomato (16 oz).

2 sudu besar minyak

1 cawan bawang, dicincang halus

1 lada jalapeño kecil, dicincang

2 ulas bawang putih, cincang

2 sudu besar sup

1 sudu teh oregano kering

1 sudu teh serbuk cili ikan bilis kering

1/2 sudu teh jintan manis

1/2 sudu teh selasih kering

Arah

1. Toskan tomato, simpan cecair, kemudian potong tomato.

2. Dalam kuali, panaskan minyak dengan api sederhana dan tumis bawang merah, bawang putih dan jalapeno selama kira-kira 5 minit.

3. Masukkan tomato, cecair simpanan dan selebihnya Bahan-bahan dan rebus semuanya selama kira-kira 20-30 minit, kacau dari semasa ke semasa.

4. Menggunakan pengisar rendaman, puri adunan sepenuhnya.

33. Sup lentil

bahan-bahan

- 1 lb kacang hitam kering
- 1 1/2 liter air
- 1 lobak merah, dicincang
- 1 batang saderi, dihiris
- 1 biji bawang merah besar, dihiris
- 6 ulas bawang putih, dikisar
- 2 lada benggala hijau, dicincang
- 2 lada jalapeno, dibiji dan dicincang 1/4 cawan lentil kering
- 1 tin tomato yang dikupas dan dipotong dadu
- 2 sudu besar serbuk cili
- 2 sudu teh jintan halus
- 1/2 sudu teh oregano kering
- 1/2 sudu kecil lada hitam dikisar 3 sudu besar cuka wain merah 1 sudu besar garam
- 1/2 cawan nasi putih yang belum dimasak

Arah

1. Tenggelamkan kacang dalam air kira-kira 3 kali ganda saiznya.

2. Kemudian letakkan semuanya mendidih selama 12 minit.

3. Sekarang letakkan tudung pada kuali dan matikan api.

4. Biarkan kacang selama 1 1/2 jam sebelum mengeluarkan cecair dan kemudian bilas kacang.

5. Masukkan kacang ke dalam periuk perlahan dengan 1.5 liter air tawar dan masak selama 3 jam di atas api.

6. Sekarang, selepas 3 jam memasak, tambahkan yang berikut: tomato, lobak merah, lentil, saderi, garam, serbuk cili, cuka, jintan, lada hitam dan oregano, jalapeño, bawang merah, lada benggala dan bawang putih.

7. Dengan api perlahan, masak selama 3 jam lagi. Kemudian masukkan nasi dengan lebih kurang 25 minit lagi dalam masa memasak.

8. Ambil separuh daripada sup dan haluskan dalam pengisar kemudian masukkan semula ke dalam periuk.

9. Nikmati.

34. Mudah Dahl

bahan-bahan

1 cawan lentil merah

2 Sudu akar halia, dicincang

1 sudu teh biji sawi

2 Sudu ketumbar cincang segar

4 biji tomato, dicincang

3 bawang, dicincang

3 lada jalapeno, dibiji dan dicincang

1 sudu besar jintan halus

1 sudu besar biji ketumbar dikisar

6 ulas bawang putih, cincang

2 sudu besar minyak zaitun

1 cawan air

garam secukup

rasa

Arah

1. Tekan masak lentil sehingga lembut atau rebus dalam air selama 22 minit.

2. Goreng biji sawi sehingga mula mengecut, kemudian masukkan minyak, bawang putih, bawang besar, jalapeño dan halia.

3. Teruskan kacau dan goreng sehingga bawang menjadi perang.

4. Sekarang tuangkan tomato, jintan manis dan ketumbar.

5. Masak tomato selama 2 minit dan kemudian masukkan air dan rebus semuanya selama 7 minit.

6. Satukan lentil yang telah dimasak dan gaulkan kesemuanya.

7. Pada penghujungnya, masukkan jumlah garam yang disukai.

8. Hidangkan bersama ketumbar. Nikmati dengan basmati rebus.

35. Wonton berinspirasikan Asia

bahan-bahan

- 1 pakej (8 oz.) krim keju, dilembutkan
- 1 tin (4 oz.) lada jalapeño dipotong dadu
- 20 (3.5 inci persegi) pembalut wonton
- 1/2 cawan minyak sos cili manis untuk menggoreng

Arah

1. Dalam mangkuk, campurkan lada jalapeno dan keju krim.
2. Letakkan kira-kira 1 sudu teh campuran jalapeño di tengah setiap pembalut wonton.
3. Tutup tepi pembalut dengan jari yang basah dan lipatkannya di atas inti dalam bentuk segitiga.
4. Dengan jari anda, tekan tepi untuk menutupnya sepenuhnya.
5. Dalam kuali besar, panaskan minyak hingga 375 darjah F.
6. Masukkan wonton dalam kelompok dan masak selama kira-kira 2 minit, pusing sekali-sekala.
7. Pindahkan pembalut ke pinggan berlapik tuala kertas untuk mengalirkan air.

8. Hidangkan bersama sos cili manis.

36. Wonton makan tengah hari Turki

bahan-bahan

- 3/4 cawan jus lemon
- 1 cawan beri biru kering
- 1 1/2 cawan ayam belanda masak yang dicincang
- 1 cawan isi yang disediakan
- 4 oz. krim keju, lembut 1/4 cawan kuah ayam belanda pekat
- 1 bungkusan (14 oz.) pembungkus wonton garam secukup rasa

- 3 cawan minyak canola untuk menggoreng
- 2 sudu besar bawang cincang
- 1 sudu besar jus lemon
- 1 sudu teh lada jalapeño tanpa biji dan cincang - atau secukup rasa
- 1 sudu teh bawang putih kisar
- 1 sudu teh air

Arah

1. Dalam mangkuk, campurkan cranberry kering dan jus lemon dan ketepikan.

2. Dalam mangkuk, satukan kuah ayam belanda, ayam belanda, keju krim dan pemadat.

3. Letakkan kira-kira 1 sudu besar campuran pic di tengah setiap pembalut wonton.

4. Sapu tepi pembalut dengan adunan putih telur dan lipat di atas inti dalam bentuk segitiga.

5. Tekan tepi dengan jari anda untuk menutupnya sepenuhnya dan taburkan dengan garam.

6. Dalam kuali besar, panaskan minyak di atas api sederhana tinggi.

7. Masukkan wonton dalam kelompok dan masak selama kira-kira 2 minit pada setiap sisi.

8. Pindahkan pembalut ke pinggan berlapik tuala kertas untuk mengalirkan air.

9. Toskan cranberry sepenuhnya dan masukkan ke dalam pemproses makanan, kemudian kisar sehingga dicincang halus.

10. Dalam mangkuk, pindahkan cranberry yang dicincang dengan bahan-bahan lain dan gaul rata.

11. Hidangkan wonton dengan salsa kranberi.

37. Wontons Louisville

bahan-bahan

- 1/2 cawan cili hijau dalam tin
- 1/4 cawan jalapeño dalam tin
- 1 paun keju Monterey Jack, dicincang
- pembalut wonton

S.O.S

- 3 biji alpukat, tumbuk
- 2 sudu besar jus lemon
- 1 sudu teh garam rempah, campurkan
- 1 sudu teh ketumbar kisar
- 1/2 cawan mayonis
- 3 bawang hijau, dicincang

Arah

1. Dalam pengisar, masukkan keju Monterey Jack, jalapeño dan cili hijau dan nadi sehingga licin.

2. Letakkan kira-kira 2 sudu besar campuran keju pada satu sudut pembungkus wonton dan lipat sudut itu di atas inti.

3. Lipat sudut kanan dan kiri dan lembapkan sudut yang tinggal sebelum melipatnya ke bawah.

4. Dalam kuali besar, panaskan minyak hingga 350 darjah F.

5. Masukkan wonton dalam kelompok dan masak selama kira-kira 1-2 minit.

6. Pindahkan pembalut ke pinggan berlapik tuala kertas untuk mengalirkan air.

7. Untuk sos, dalam mangkuk, campurkan semua bahan sos.

8. Hidangkan wonton dengan sos.

38. Beras Perang Mexico Ringan

bahan-bahan

- 2 cawan beras perang masak
- 1 tin (15 oz) kacang, dibilas dan toskan
- 1 tin (15 oz) kacang hitam, bilas dan toskan
- 1 tin (15.25 oz.) jagung isirung keseluruhan, toskan
- 1 biji bawang kecil, potong dadu
- 1 lada benggala hijau, potong dadu
- 2 lada jalapeño, dibiji dan dipotong dadu
- 1 kapur hijau, dengan kulit dan jus
- 1/4 cawan daun ketumbar dihiris
- 1 sudu teh bawang putih kisar
- 1 1/2 sudu teh jintan kisar
- Garam secukup rasa

Arah

1. Dapatkan mangkuk, gabungkan: jintan, beras, bawang putih, kacang, ketumbar, jagung, jus lemon dan kulit, bawang, jalapeño dan lada hijau.

2. Masukkan jumlah lada dan garam pilihan anda dan masukkan dalam peti sejuk selama 60 minit, kemudian campurkan semuanya dan hidangkan.

3. Nikmati.

39. Sup ayam Asia

bahan-bahan

- 3 liter air rebusan ayam
- 2 tangkai serai segar (masing-masing 12 hingga 18 inci panjang)
- 12 keping halia segar (nipis, saiz suku)
- 6 lada jalapeño segar
- 1 1/4 paun kubis
- 8 oz. cendawan
- 2 lobak merah
- 2 paun dada ayam tanpa tulang tanpa kulit
- 4 ulas bawang putih, dibersihkan dan dicincang
- 1 (14 1/2 oz.) tin tomato dipotong dadu
- 1/2 cawan jus lemon
- 2 sudu besar sos ikan Asia
- 1/3 cawan bawang hijau yang dihiris nipis
- 5 cawan nasi panas
- 2 biji lemon, dihiris

- 1 1/2 cawan cilantro cincang segar

Arah

1. Dalam kuali besar, masak sup sehingga mendidih dengan api yang tinggi.

2. Potong tangkai serai, kemudian buang lapisan luarnya, potong setiap tangkai sepanjang 3 inci.

3. Tumbuk perlahan-lahan kepingan halia dan serai.

4. Potong 2 jalapeños kepada separuh dan potong halus yang lain.

5. Dalam kuali dengan stok reneh, masukkan serai, halia dan jalapeño yang dibelah dua dan kecilkan api.

6. Rebus, ditutup, selama kira-kira 20-30 minit.

7. Sementara itu, carik kubis dan potong cendawan menjadi kepingan setebal 1/4 inci, buang hujung batang dan bahagian yang berubah warna.

8. Kupas lobak merah dan potong menjadi kepingan tebal 1/4 inci.

9. Potong ayam menjadi kepingan 1/4 inci tebal, 1 1/2-2 inci panjang.

10. Dalam sup, tambah: lobak merah, cendawan, kubis dan bawang putih dan rebus dengan api yang tinggi.

11. Kecilkan api dan reneh, bertutup, selama kira-kira 8-10 minit.

12. Masukkan tomato pati dan ayam dan besarkan api.

13. Masak, ditutup, selama kira-kira 3-5 minit.

14. Campurkan sos ikan dan jus lemon dan masukkan bawang hijau.

15. Hidangkan bersama nasi, hirisan lemon, ketumbar dan cili cincang.

40. Kuah kari kemboja

bahan-bahan

1/3 cawan serai

4 ulas bawang putih

1 sudu teh lengkuas, kering

1 sudu teh kunyit kisar

1 cili jalapeño, bertangkai dan dibiji

3 biji bawang merah

3 1/2 cawan santan

3 helai daun limau purut

1 secubit garam

Arah

1. Dalam pemproses makanan, masukkan serai, bawang merah, lengkuas, bawang putih dan jalapeño dan nadi sehingga puri.

2. Dalam kuali, masukkan santan dan biarkan mendidih, kemudian masukkan adunan puri tadi.

3. Masukkan garam dan daun limau nipis dan masak, kacau berterusan, selama kira-kira 5 minit.

4. Kecilkan api kepada perlahan dan reneh selama kira-kira 30 minit, kacau sekali-sekala.

5. Buang daun linden.

6. Untuk 1 hidangan, masukkan 1/2 cawan kuah kari ini ke dalam kuali yang cetek.

7. Masukkan 1/2 cawan daging atau sayur-sayuran dan masak hingga sederhana mendidih dan masak hingga kematangan yang diingini.

41. Cili putih

bahan-bahan

- 1 sudu besar minyak sayuran
- 1 biji bawang besar, potong dadu
- 3 ulas bawang putih, dikisar
- 1 tin (4 oz.) lada jalapeño dipotong dadu
- 1 tin (4 oz.) cili hijau dipotong dadu
- 2 sudu teh jintan halus
- 1 sudu teh oregano kering
- 1 sudu teh lada cayenne kisar
- 2 tin (14.5 oz.) sup ayam
- 3 cawan dada ayam rebus dipotong dadu
- 3 (15 oz.) tin kacang putih
- 1 cawan keju Monterey Jack yang dicincang

Arah

1. Goreng bawang dalam minyak sehingga lembut, kemudian masukkan cayenne, bawang putih, oregano, jalapeños, jintan manis dan lada panas.

2. Masak adunan ini selama 4 minit lagi, kemudian tuangkan kacang, ayam dan stok.

3. Didihkan semuanya, kemudian kecilkan api dan reneh kandungan selama 17 minit.

4. Kacau cili setiap 4 minit.

5. Tutup api dan masukkan keju.

6. Apabila keju telah cair, cili anda sedia untuk dihidangkan.

42. Jalapeño Gazpacho

bahan-bahan

- 2 cawan zucchini yang dicincang
- 1 biji bawang besar, potong dadu kasar
- 1 buah avocado - dikupas, diadu dan dipotong dadu kasar
- 1/2 cawan kacang garbanzo dalam tin, toskan
- 1/4 cawan cuka epal
- 1 lada jalapeno, dibiji dan dicincang
- 2 sudu teh jus lemon (pilihan)
- 1 ulas bawang putih, ditumbuk
- 1/4 sudu teh garam atau lebih secukup rasa
- 1/4 sudu teh lada hitam dikisar atau lebih secukup rasa

Arah

1. Ambil mangkuk, satukan: lada, zucchini, bawang putih, garam, bawang besar, jus limau nipis, alpukat, jalapeño, garbanzos dan cuka sari.

2. Kacau adunan untuk mengagihkan kandungan secara sama rata dan letakkan penutup plastik di sekeliling mangkuk.

3. Letakkan semuanya di dalam peti sejuk selama 2 jam.

4. Nikmati.

43. Salsa alpukat

bahan-bahan

- 1 biji mangga, kupas, buang biji dan potong dadu
- 1 buah alpukat, dikupas, diadu dan dipotong dadu
- 4 biji tomato sederhana, potong dadu
- 1 lada jalapeno, dibiji dan dipotong dadu 1/2 cawan cilantro cincang segar
- 3 ulas bawang putih, potong dadu
- 1 sudu teh garam

- 2 sudu besar jus lemon segar
- 1/4 cawan bawang merah yang dihiris
- 3 sudu besar minyak zaitun

Arah

1. Ambil mangkuk, campurkan: bawang putih, mangga, ketumbar, alpukat dan tomato.
2. Kacau adunan, kemudian masukkan minyak zaitun, garam, bawang merah dan jus lemon.
3. Kacau salsa untuk mengagihkan sama rata cecair. Kemudian letakkan penutup plastik pada mangkuk dan letakkan semuanya di dalam peti sejuk selama 40 minit.
4. Nikmati.

44. Dunia Baru Ceviche

bahan-bahan

- 1 bungkusan (16 oz.) udang sederhana yang dimasak, dikupas dan dikeringkan
- 2 bungkusan (8 oz.) daging ketam tiruan, potong 1 inci
- 5 biji tomato, potong dadu
- 3 buah alpukat, dikupas dan dipotong dadu
- 1 timun Inggeris, dikupas dan dipotong kecil
- 1 biji bawang merah, potong dadu
- 1 tandan ketumbar, dicincang atau lebih secukup rasa
- 4 biji limau nipis, jus
- 2 lada jalapeno, dibiji dan dicincang halus
- 2 ulas bawang putih, ditekan
- 1 botol (64 oz.) jus tomato dan garam kerang serta lada hitam yang dikisar secukup rasa

Arah

1. Dapatkan mangkuk, satukan: bawang putih, ketam, jalapeño, tomato, jus limau nipis, alpukat, udang, ketumbar, timun dan bawang merah.

2. Kacau adunan, kemudian masukkan koktel jus kerang.

3. Kacau campuran sekali lagi, kemudian letakkan penutup plastik pada mangkuk dan letakkan semuanya di dalam peti sejuk selama 8 jam.

4. Nikmati.

45. Popsikel Mexico Pedas

bahan-bahan

- 3 cawan timun
- 2/3 cawan gula
- 1/3 cawan jus lemon
- 1 jalapeño cili, tanpa biji

Arah

1. Tambahkan yang berikut pada mangkuk pemproses makanan: timun, gula, limau nipis dan jalapeno.

2. Pukul adunan sehingga anda mempunyai puri, kemudian masukkan semuanya melalui penapis.

3. Bahagikan adunan antara dulang kiub ais dan sejukkan semalaman.

4. Nikmati.

46. Lasagna Sepanyol

bahan-bahan

- 4 cawan tomato tin cincang
- 1 tin (7 oz) cili hijau dipotong dadu
- 1 tin (4 oz) lada jalapeño dipotong dadu
- 1 biji bawang besar, potong dadu
- 3 ulas bawang putih, cincang
- 10 tangkai ketumbar segar, dicincang
- 2 sudu besar jintan halus
- 2 kg sosej daging lembu pedas atau sosej ayam belanda Itali
- 1 bekas (32 oz) keju ricotta
- 4 biji telur, dipukul sedikit
- 1 bungkusan (16 oz) campuran empat keju yang dicincang gaya Mexico
- 1 bungkusan (8 oz.) mi lasagna yang tidak dimasak

Arah

1. Rebus yang berikut selama 2 minit, kemudian reneh selama 55 minit: ketumbar, tomato, jintan, cili hijau, bawang putih, bawang merah, dan jalapeño.

2. Ambil mangkuk, campurkan: telur yang dipukul dan ricotta.

3. Tetapkan ketuhar kepada 350 darjah sebelum meneruskan.

4. Goreng sosej daging. Kemudian keluarkan lebihan minyak dan carik daging.

5. Dalam hidangan pembakar, sapukan salutan ringan sos, kemudian lapiskan: sosej, 1/2 sos, 1/2 keju parut, mi lasagna, ricotta, lebih banyak mi, semua baki sos dan lebih banyak keju yang dicincang.

6. Salutkan kepingan foil dengan semburan tidak melekat dan tutup lasagna.
Masak bertutup selama 30 minit dan buka selama 15 minit.

7. Nikmati.

47. Fettuccine ayam berkrim

bahan-bahan

- 1 lb pasta fettuccine kering
- 2 sudu besar minyak sayuran
- 1/4 cawan hirisan bawang besar
- 1/2 cawan labu kuning dicincang
- 1/2 cawan zucchini, potong menyerong menjadi kepingan setebal 1/2 inci
- 3/4 cawan cendawan dihiris (pilihan)
- 1 1/4 cawan krim pekat
- 1 lada jalapeno, dibiji dan dipotong dadu
- 1 sudu teh bawang putih yang dihiris dadu
- 1 sudu besar mustard Dijon
- 1 sudu besar perasa cajun
- 1/2 cawan parmesan parut
- 1/2 cawan tomato potong dadu garam dan lada sulah secukup rasa
- 3 sudu besar minyak sayuran

- 1 lb dada ayam, potong 1/2 inci tepung untuk mengorek

Arah

1. Rebus fettuccine selama 10 minit dalam air dan garam.

2. Ambil kuali, panaskan sedikit minyak dan goreng selama 5 minit: cendawan, bawang, zucchini dan labu.

3. Satukan krim dan pasta dengan bawang dan masak perlahan-lahan selama 5 minit. Sekarang masukkan perasa cajun, jalapeño, mustard dan bawang putih. Rebus selama 2 minit lagi.

4. Ambil kuali kedua dan masak ayam setelah disalut dengan tepung dalam 3 sudu besar minyak sehingga masak sepenuhnya.

5. Satukan semua, ayam, sayur-sayuran dan pasta.

6. Nikmati.

48. Chipotle coleslaw

Bahan

- 1 kepala kobis hijau, dicincang
- 1 bawang, dicincang
- 2 lobak merah, dicincang
- 2 lada jalapeno, dicincang
- 1 biji telur
- 1 lemon kecil, dengan jus
- 1 sudu besar cuka putih
- 1/4 sudu teh garam
- 1 cawan minyak sayuran
- 2 sudu besar sawi yang disediakan
- 2 sudu besar gula putih
- 1 sudu besar cuka sari
- 1/2 sudu kecil lada chipotle yang dikisar
- 1/2 sudu teh garam saderi

Arah

1. Dalam mangkuk besar, satukan lobak merah, kubis, bawang, dan lada jalapeno.

2. Untuk mayonis, dalam pemproses makanan, masukkan telur, jus lemon, cuka putih dan garam dan nadi sehingga homogen.

3. Dengan motor berjalan perlahan, tambah minyak dan nadi sehingga licin dan tebal dan pindahkan ke mangkuk besar.

4. Masukkan semua bahan sos dan gaul sehingga sebati.

5. Tuangkan dressing ke atas salad dan gaul sehingga sebati.

6. Tutup dan sejukkan sekurang-kurangnya 2 jam sebelum dihidangkan.

49. Jalapeno, Ketumbar dan Tilapia Mangga

bahan-bahan

- 1/3 cawan minyak zaitun extra virgin
- 1 sudu besar jus lemon
- 1 sudu besar pasli segar yang dicincang
- 1 ulas bawang putih, dikisar
- 1 sudu teh selasih kering
- 1 sudu kecil lada hitam dikisar
- 1/2 sudu teh garam
- 2 (6 oz.) isi ikan tilapia
- 1 mangga besar masak, dikupas, diadu dan dipotong dadu 1/2 lada benggala merah, dipotong dadu
- 2 sudu besar bawang merah yang dihiris
- 1 sudu besar ketumbar segar dipotong dadu
- 1 lada jalapeno, dibiji dan dicincang
- 2 sudu besar jus lemon
- 1 sudu besar jus lemon
- garam dan lada sulah secukup rasa

Arah

1. Ambil mangkuk, gabungkan: setengah sudu teh garam, minyak zaitun, 1 sudu teh lada, 1 sudu besar jus lemon, basil, bawang putih dan pasli.

2. Salutkan kepingan ikan dengan mencampurkannya dalam mangkuk juga.

3. Letakkan penutup pada mangkuk dan sejukkan selama 60 minit.

4. Dapatkan mangkuk kedua, gabungkan: 1 sudu besar jus limau, mangga, lada, jus limau, lada benggala, garam, jalapeños, ketumbar dan bawang merah.

5. Tutup adunan ini juga dan sejukkan.

6. Panaskan gril dan sapu gril dengan minyak.

7. Goreng kepingan ikan selama 5 minit pada setiap sisi dan kemudian hiaskan dengan bancuhan mangga semasa dihidangkan.

50. Udang Di Thailand

bahan-bahan

- 4 ulas bawang putih, dikupas
- 1 (1 inci) keping akar halia segar
- 1 lada jalapeño segar, tanpa biji
- 1/2 sudu teh garam
- 1/2 sudu teh kunyit kisar
- 2 sudu besar minyak sayuran
- 1 bawang sederhana, dipotong dadu
- 1 kg udang sederhana - dibersihkan dan dikeringkan
- 2 biji tomato, buang biji dan potong dadu
- 1 cawan santan
- 3 sudu besar daun selasih segar yang dicincang

Arah

1. Kisar campuran bawang putih, kunyit, halia dan jalapeno dalam pengisar sehingga halus.

2. Masak bawang dalam minyak panas selama beberapa minit sebelum menambah pes rempah dan masak selama beberapa minit lagi.

3. Masak udang di dalamnya selama beberapa minit sebelum masukkan tomato dan santan dan masak selama lima minit dengan penutup.

4. Sekarang rebus selama lima minit lagi tanpa penutup untuk mendapatkan sos pekat.

5. Tambah sedikit selasih segar pada saat akhir juga.

6. Hidang.

51. Ayam Jeruk

bahan-bahan

1/2 bawang hijau, dicincang

1/4 cawan jus oren

1 sudu besar akar halia yang baru dicincang

1 sudu besar lada jalapeño dicincang

1 sudu besar jus lemon

1 sudu besar kicap

1 ulas bawang putih, dikisar

1 sudu kecil lada sulah

1/4 sudu teh kayu manis tanah

1/2 sudu kecil bunga cengkih kisar

1 (2 hingga 3 lb) ayam keseluruhan, dipotong menjadi kepingan

Arah

1.Untuk bahan perapan, gaul sekata berikut: bunga cengkih, bawang besar, kayu manis, jus oren, lada sulah, halia, bawang putih, lada sulah, kicap dan jus lemon.

2. Tutup ayam anda dengan bahan perapan. Letakkan penutup pada bekas. Letakkan semuanya di dalam peti sejuk selama 7-8 jam.

3. Letakkan panggangan panas. Bakar ayam sehingga masak, masa bergantung pada tahap haba. 7-8 minit pada setiap sisi. Rebus perapan tambahan selama 5 minit dan gunakan sebagai topping atau buang.

4. Nikmati.

52. Salad Jamaica

bahan-bahan

- 2 bahagian dada ayam tanpa kulit dan tanpa tulang
- 1/2 cawan sos perapan teriyaki
- 2 biji tomato, buang biji dan potong dadu
- 1/2 cawan bawang besar dipotong dadu
- 2 sudu teh lada jalapeño cincang
- 2 sudu teh daun ketumbar segar yang dipotong dadu
- 1/4 cawan mustard Dijon
- 1/4 cawan madu
- 1 1/2 sudu besar gula putih
- 1 sudu besar minyak sayuran
- 1 1/2 sudu besar cuka sari
- 1 1/2 sudu teh jus lemon
- 3/4 lb sayur salad campuran
- 1 tin (8 oz.) ketulan nanas, toskan
- 4 cawan kerepek tortilla jagung

Arah

1. Ambil mangkuk, satukan: teriyaki dan ayam.

2. Letakkan penutup pada mangkuk dan sejukkan selama 3 jam.

3. Dapatkan mangkuk kedua, gabungkan: ketumbar, tomato, jalapeño dan bawang.

4. Letakkan penutup pada mangkuk ini juga dan sejukkan kandungannya di dalam peti sejuk juga.

5. Ambil mangkuk ketiga, campurkan: jus lemon, mustard, cuka, madu, minyak dan gula.

6. Dapatkan adunan yang baik dan licin, kemudian letakkan penutup pada mangkuk dan masukkannya ke dalam peti sejuk juga.

7. Sekarang panaskan gril dan gris gril. Masak ayam selama 9 minit pada setiap sisi.

8. Letakkan sayur-sayuran di atas pinggan hidangan, kemudian tutupnya dengan beberapa kandungan mangkuk kedua, kemudian masukkan beberapa nanas dan kerepek tortilla yang dihancurkan.

9. Masukkan jumlah ayam panggang pilihan anda, kemudian tambahkan semuanya dengan sos manis dari mangkuk ketiga. Selamat menikmati.

53. Anak kelapa

bahan-bahan

- 1 sudu teh jintan kisar
- 1 sudu teh lada cayenne kisar
- 1 sudu teh kunyit kisar
- 1 sudu teh ketumbar kisar

- 4 dada ayam tanpa kulit dan tanpa tulang dibelah dua garam dan lada sulah secukup rasa
- 2 sudu besar minyak zaitun
- 1 biji bawang besar, potong dadu
- 1 sudu besar halia yang baru dicincang
- 2 lada jalapeño, dibiji dan dipotong dadu
- 2 ulas bawang putih, cincang
- 3 biji tomato, buang biji dan potong dadu
- 1 (14 oz.) tin santan
- 1 tandan pasli segar dipotong menjadi kiub

Arah

1. Dapatkan mangkuk, gabungkan: ketumbar, jintan manis, kunyit dan cayenne.
2. Sekarang masukkan ayam dan sedikit lada sulah dan garam.
3. Kacau isi untuk menyalut kepingan ayam dengan sekata.
4. Sekarang mulakan goreng ayam dalam 1 sudu minyak zaitun sehingga siap, 16 minit. Letakkan ayam di sebelahnya.

5. Masukkan baki minyak dan mula goreng yang berikut selama 7 minit: bawang putih, bawang merah, jalapeño dan halia.

6. Masukkan tomato dan masak adunan selama 10 minit lagi sebelum dituangkan santan.

7. Tutup ayam dengan campuran tomato-kelapa dan kemudian sedikit pasli.

8. Nikmati diri anda.

54. Kuskus Maya

bahan-bahan

- 1 cawan couscous
- 1/2 sudu teh jintan halus
- 1 sudu teh garam, atau secukup rasa
- 1 1/4 cawan air mendidih
- 1 ulas bawang putih yang belum dikupas
- 1 tin (15 oz) kacang hitam, bilas dan toskan
- 1 cawan jagung isi dalam tin, toskan
- 1/2 cawan bawang merah yang dihiris halus
- 1/4 cawan cilantro cincang segar
- 1 lada jalapeno, dicincang
- 3 sudu besar minyak zaitun
- 3 sudu besar jus lemon segar, atau secukup rasa

Arah

1. Masukkan air mendidih kepada campuran garam dan couscous dalam mangkuk besar dan tutup dengan bungkus plastik sebelum biarkan selama kira-kira sepuluh minit.

2. Sementara itu, masak bawang putih yang belum dikupas dalam minyak panas dengan api sederhana sehingga perang keemasan.

3. Sekarang hancurkan bawang putih ini dan masukkannya ke couscous bersama-sama dengan kacang hitam, bawang, ketumbar, jagung, lada jalapeno, minyak zaitun dan jus lemon.

4. Hidang.

55. Steak fajitas

bahan-bahan

Taco:

- 1 sudu besar minyak sayuran
- 1 pakej (1 oz.) campuran perasa taco
- 1 (1 1/4 paun) stik sayap, dipotong daripada lemak berlebihan
- Tortilla tepung 8 (6 inci) untuk taco dan fajitas lembut

Mangga Salsa:

- 2 biji mangga sederhana masak, dibuang biji, dikupas dan dipotong dadu
- Jus 1 kapur sederhana
- 1 cili jalapeño, tanpa biji, dicincang
- 1/4 cawan bawang merah yang dihiris
- 1/4 cawan daun ketumbar segar dicincang

Arah

1. Panaskan ketuhar hingga 400 darjah F sebelum melakukan apa-apa lagi.

2. Masak stik flank selepas meletakkan perasa taco dan toskan dengan api yang tinggi sehingga perang dan masukkan ke dalam ketuhar yang telah dipanaskan sehingga lembut.

3. Biarkan ia sejuk selama kira-kira 10 minit dan pada masa ini, satukan semua bahan salsa dengan baik.

4. Potong stik yang disediakan menjadi kepingan kecil dan lipat tortilla menjadi tiga bahagian dengan sedikit salsa.

56. Nasi merah Mexico

bahan-bahan

2 Roma (tomato plum), diadu

2 sudu besar minyak sayuran

1 cawan bawang cincang

2 ulas bawang putih, cincang

1 cawan nasi putih bijirin panjang yang belum dimasak

1 3/4 cawan air rebusan ayam rendah natrium 1/4 cawan sos tomato dalam tin

1 lada jalapeno, dicincang

Arah

1. Dengan menggunakan parut kotak dan buang kulit tomato, parut tomato dan masukkan ke dalam mangkuk sederhana.

2. Sekarang masak bawang besar dan masukkan bawang putih dalam minyak panas selama kira-kira 5 minit sebelum bawang putih dan satu minit selepas menambah bawang putih.

3. Sekarang masukkan nasi dan masak selama 3 minit lagi untuk mendapatkan nasi goreng ringan.

4. Didihkan semuanya selepas masukkan sos tomato ayam, tomato parut dan pati ayam.

5. Taburkan lada jalapeño, garam dan ketumbar sebelum kecilkan api dan masak selama 15 minit lagi sambil tutup kuali.

6. Sekarang keluarkan nasi dari api dan biarkan ia bertutup di dalam kuali selama kira-kira 8 minit sebelum memindahkannya ke hidangan hidangan.

57. Salsa Hijau

bahan-bahan

2 kilogram tomato, dikupas

2 lada jalapeno segar

3 ulas bawang putih, dikupas

1 biji cengkih

1/2 sudu teh jintan halus

1 secubit lada hitam

1 sudu teh serbuk pati ayam atau garam

Arah

1. Masak tomato, jalapeño dan bawang putih dalam kuali besar selepas dimasukkan ke dalam air.

2. Sekarang masak sehingga mendidih dan masak selama kira-kira 10 minit atau sehingga tomato bertukar warna kuning selepas mengurangkan api kepada sederhana.

3. Biarkan ia sejuk selama 10 minit dan selepas anda mengeluarkan semua air daripada; letakkan tomato ini, bersama bunga cengkih, lada, jintan putih dan stok ayam dalam pengisar.

4. Kisar sehingga kelicinan yang diperlukan tercapai.

THAI, SERRANO, CAYENNE CHILES

58. Krêpe dengan tepung chickpea

HASIL: 8

bahan-bahan

- 2 cawan (184 g) gram (chickpea) tepung (besan)
- 1½ cawan (356 g) air
- 1 bawang kecil, dikupas dan dicincang (kira-kira ½ cawan [75 g])
- 1 keping akar halia, kupas dan parut atau cincang
- 1-3 lada Thai, serrano atau cayenne hijau, dicincang

- ¼ cawan (7 g) daun fenugreek kering (kasoori methi)
- ½ cawan (8 g) ketumbar segar, dicincang
- 1 sudu teh garam laut kasar
- ½ sudu teh ketumbar kisar
- ½ sudu kecil serbuk kunyit
- 1 sudu teh serbuk cili merah atau minyak cayenne, untuk menggoreng

Arah

a) Dalam mangkuk yang dalam, campurkan tepung dan air sehingga rata. Saya suka bermula dengan pukul dan kemudian gunakan belakang sudu untuk memecahkan ketulan kecil tepung yang biasanya terbentuk.

b) Biarkan campuran selama sekurang-kurangnya 20 minit.

c) Masukkan baki bahan kecuali minyak dan gaul rata.

d) Panaskan pemanggang di atas api sederhana tinggi.

e) Tambah ½ sudu teh minyak dan sapukan di atas panggangan dengan belakang sudu atau tuala kertas. Anda juga boleh menggunakan semburan masak untuk menyalut kuali dengan sekata.

f) Dengan menggunakan senduk, tuangkan ¼ cawan adunan ke tengah-tengah kuali. Dengan bahagian belakang senduk, ratakan doh dalam gerakan bulat mengikut arah jam dari tengah ke luar kuali untuk menghasilkan lempeng nipis bulat kira-kira 5 inci (12.5 cm) diameter.

g) Masak poora sehingga perang sedikit di sebelah, kira-kira 2 minit, kemudian terbalikkan untuk memasak sebelah lagi. Tekan dengan spatula untuk pastikan bahagian tengah juga masak.

h) Masak adunan yang tinggal, tambah minyak mengikut keperluan untuk mengelakkan melekat.

i) Hidangkan dengan sampingan Mint atau Peach Chutney saya.

59. Krep gandum

HASIL: 6 CAWAN

bahan-bahan

- 3 cawan krim gandum
- 2 cawan yogurt soya kosong tanpa gula
- 3 cawan air
- 1 sudu teh garam laut kasar
- ½ sudu teh lada hitam tanah
- ½ sudu kecil serbuk cili merah atau cayenne
- ½ bawang kuning atau merah, dikupas dan dicincang halus
- 1-2 lada Thai, serrano atau cayenne hijau, dicincang
- Ketepikan minyak untuk menggoreng dalam mangkuk kecil
- ½ bawang besar, dikupas dan dipotong dua (untuk menyediakan kuali)

Arah

a) Dalam mangkuk yang dalam, campurkan krim gandum, yogurt, air, garam, lada hitam dan serbuk cili dan ketepikan selama 30 minit untuk ditapai dengan lembut.

b) Masukkan bawang besar dan cili kisar. Gaul perlahan-lahan.

c) Panaskan pemanggang di atas api sederhana tinggi. Masukkan 1 sudu kecil minyak ke dalam kuali.

d) Setelah kuali panas, letakkan garpu pada bahagian bawang yang belum dipotong dan dibulatkan. Sambil memegang pemegang garpu, gosokkan separuh bahagian bawang ke depan dan ke belakang merentasi kuali. Gabungan haba, jus bawang dan minyak membantu mengelakkan dosa daripada melekat. Simpan bawang dengan garpu di tangan untuk digunakan semula di antara dos. Apabila ia hitam dari kuali, hiris nipis-nipis di seluruh muka.

e) Simpan semangkuk kecil minyak pada sebelah dengan sudu - anda akan menggunakannya kemudian.

f) Sekarang, akhirnya, untuk memasak! Sudukan lebih sedikit daripada $\frac{1}{4}$ cawan adunan ke dalam bahagian tengah kuali panas yang disediakan. Dengan bahagian belakang kuali, perlahan-lahan buat pukulan mengikut arah jam dari tengah ke tepi luar kuali sehingga adunan nipis dan seperti crêpe.

Jika adunan mula menggelegak dengan serta-merta, hanya kecilkan api sedikit.

g) Menggunakan sudu kecil, tuangkan aliran minyak nipis dalam bulatan di sekeliling doh.

h) Biarkan dosa masak sehingga perang sedikit dan tarik dari kuali. Balikkan dan masak sebelah lagi.

60. Masala Tofu Scramble

HASIL: 2 CAWAN

bahan-bahan

- Pakej 14 auns tauhu pejal organik tambahan
- 1 sudu besar minyak
- 1 sudu teh biji jintan manis
- ½ bawang putih atau merah kecil, dikupas dan dicincang
- 1 keping akar halia, kupas dan parut
- 1–2 lada Thai, serrano atau cayenne hijau, dicincang
- ½ sudu kecil serbuk kunyit
- ½ sudu kecil serbuk cili merah atau cayenne
- ½ sudu teh garam laut kasar
- ½ sudu teh garam hitam
- ¼ cawan (4 g) ketumbar segar, dicincang

Arah

a) Hancurkan tauhu dengan tangan anda dan ketepikan.

b) Dalam kuali yang berat dan rata, panaskan minyak di atas api yang sederhana tinggi.

c) Masukkan jintan manis dan masak sehingga biji mendesis, kira-kira 30 saat.

d) Masukkan bawang besar, akar halia, cili dan kunyit. Masak dan perang selama 1 hingga 2 minit, kacau untuk mengelakkan melekat.

e) Masukkan tauhu dan gaul rata untuk memastikan keseluruhan adunan bertukar kuning dari kunyit.

f) Masukkan serbuk cili merah, garam laut, garam hitam (kala namak) dan ketumbar. Kacau hingga sebati.

g) Hidangkan bersama roti bakar atau gulung dalam roti suam atau bungkus paratha.

61. Masala Papad

HASIL: 6-10 wafer

bahan-bahan

- 1 bungkusan (6-10 unit) papad yang dibeli di kedai (diperbuat daripada lentil)
- 2 sudu besar minyak
- 1 bawang merah sederhana, dibersihkan dan dicincang
- 2 tomato sederhana, dipotong dadu
- 1-2 lada Thai, serrano atau cayenne hijau, dibuang batangnya, dihiris nipis
- 1 sudu teh Chaat Masala
- Serbuk cili merah atau cayenne, secukup rasa

Arah

a) Dengan penyepit, ambil satu papad pada satu masa dan panaskan di atas dapur. Jika anda mempunyai dapur gas, masak betul-betul di atas api, berhati-hati untuk memadamkan sebarang ketulan yang terbakar. Cara terbaik untuk memasaknya ialah membalikkannya secara berterusan sehingga semua bahagian masak dan garing. Jika menggunakan dapur elektrik, panaskan pada set gril di atas penunu dan pusingkannya secara berterusan sehingga garing. Berhati-hati - ia mudah terbakar.

b) Letakkan papad di atas dulang besar.

c) Dengan berus pastri, sapu setiap papad dengan sedikit minyak.

d) Dalam mangkuk kecil, gaulkan bawang, tomato dan cili.

e) Letakkan 2 sudu besar campuran bawang di atas setiap papad.

f) Atas setiap papad dengan taburan Chaat Masala dan serbuk cili merah. Hidangkan segera.

62. Salad kacang pedas

HASIL: 5 CAWAN (1.19 L)

bahan-bahan

- 4 cawan kacang masak (atau 2 [15-auns] (426 g) tin, toskan dan bilas)
- 1 kentang sederhana, direbus dan dipotong dadu
- ½ bawang merah sederhana, dikupas dan dipotong dadu
- 1 tomato sederhana, dipotong dadu
- 1 keping akar halia, kupas dan parut atau cincang
- 2-3 lada Thai, serrano atau cayenne hijau, dicincang
- Jus 1 lemon
- 1 sudu kecil garam hitam (kala namak)
- 1 sudu teh Chaat Masala
- ½ sudu teh garam laut kasar
- ½-1 sudu teh serbuk cili merah atau cayenne
- ¼ cawan cilantro segar yang dicincang
- ¼ cawan Chutney Kurma Tamarind

Arah

a) Dalam mangkuk besar, campurkan semua bahan kecuali asam jawa dan chutney kurma.

b) Bahagikan salad ke dalam mangkuk hidangan kecil dan letakkan setiap satu dengan satu sudu Chutney Kurma Tamarind.

63. Celup Terung Goreng

HASIL: 5 CAWAN (1.19 L)

bahan-bahan

- 3 biji terung sederhana dengan kulit (varieti besar, bulat, ungu)
- 2 sudu besar minyak
- 1 sudu kecil biji jintan manis
- 1 sudu teh ketumbar kisar
- 1 sudu kecil serbuk kunyit
- 1 biji bawang besar kuning atau merah, kupas dan potong dadu
- 1 (2 inci [5 sm]) keping akar halia, dikupas dan diparut atau dicincang
- 8 ulas bawang putih, bersihkan dan parut atau cincang
- 2 tomato sederhana, dikupas (jika boleh) dan dipotong dadu
- 1-4 lada Thai, serrano atau cayenne hijau, dicincang
- 1 sudu teh serbuk cili merah atau cayenne
- 1 sudu besar garam laut kasar

Arah

a) Letakkan rak ketuhar pada kedudukan kedua tertinggi. Panaskan daging ayam kepada 500°F (260°C). Alas loyang dengan aluminium foil untuk mengelakkan kucar-kacir nanti.

b) Cucuk lubang pada terung dengan garpu (untuk mengeluarkan wap) dan letakkan di atas loyang. Rebus selama 30 minit, pusing sekali. Kulit akan hangus dan melecur di sesetengah kawasan apabila selesai. Keluarkan loyang dari ketuhar dan biarkan terung sejuk selama sekurang-kurangnya 15 minit.

c) Dengan pisau tajam, potong celah memanjang dari satu hujung setiap terung ke hujung yang lain dan tariknya perlahan-lahan. Keluarkan daging panggang dari dalam, berhati-hati untuk mengelakkan wap dan simpan jus sebanyak mungkin. Letakkan daging terung panggang dalam mangkuk.

d) Dalam kuali yang dalam dan berat, panaskan minyak di atas api yang sederhana tinggi.

e) Masukkan jintan manis dan masak sehingga mendidih, kira-kira 30 saat.

f) Masukkan ketumbar dan kunyit. Kacau dan rebus selama 30 saat.

g) Masukkan bawang dan perang selama 2 minit.

h) Masukkan akar halia dan bawang putih dan masak selama 2 minit lagi.

i) Masukkan tomato dan lada panas. Masak selama 3 minit, sehingga adunan lembut.

j) Masukkan daging terung panggang dan masak selama 5 minit lagi, kacau sekali-sekala untuk mengelakkan melekat.

k) Masukkan serbuk cili dan garam. Pada ketika ini, anda juga harus mengeluarkan dan membuang sebarang serpihan kulit terung yang hangus.

l) Kisar adunan ini menggunakan pengisar rendaman atau dalam pengisar yang berasingan. Jangan berlebihan - masih ada tekstur. Hidangkan bersama hirisan naan bakar, keropok atau kerepek tortilla. Anda juga boleh menghidangkannya secara tradisional dengan hidangan roti India, lentil dan raita.

64. Petak sayur bakar

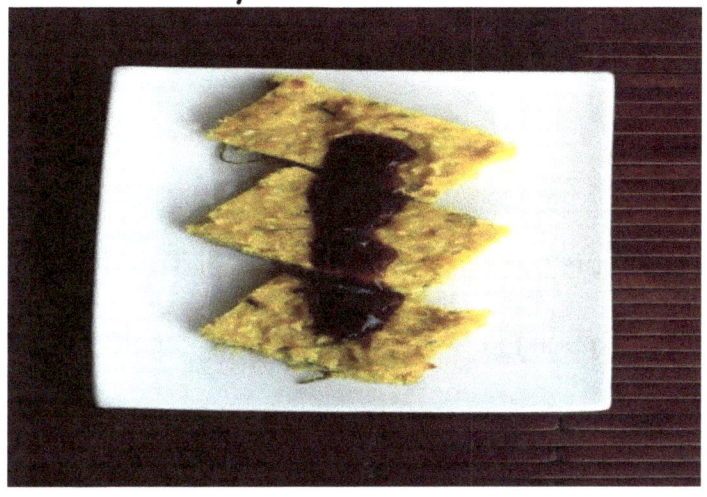

HASIL: 25 PETANG BERSAIZ SEDERHANA

bahan-bahan

- 2 cawan (140 g) kubis putih parut ($\frac{1}{2}$ kepala kecil)
- 1 cawan (100 g) kembang kol yang dicincang ($\frac{1}{4}$ kepala sederhana)
- 1 cawan (124 g) zucchini parut
- $\frac{1}{2}$ kentang, dikupas dan parut
- $\frac{1}{2}$ bawang kuning atau merah sederhana, dikupas dan dipotong dadu
- 1 keping akar halia, kupas dan parut atau cincang
- 3-4 lada Thai, serrano atau cayenne hijau, dicincang
- $\frac{1}{4}$ cawan (4 g) ketumbar cincang segar
- 3 cawan (276 g) gram (chickpea) tepung (besan)
- $\frac{1}{2}$ 12-auns pakej tauhu sutera
- 1 sudu besar garam laut kasar
- 1 sudu kecil serbuk kunyit

- 1 sudu teh serbuk cili merah atau cayenne
- ¼ sudu teh serbuk penaik
- ¼ cawan minyak

Arah

a) Letakkan rak ketuhar di kedudukan tengah dan panaskan ketuhar hingga 350°F (180°C). Minyakkan kuali persegi 10 inci (25 cm). Gunakan kuali yang lebih besar jika mahu pakora yang lebih nipis dan rangup.

b) Dalam mangkuk yang dalam, satukan kubis, kembang kol, zucchini, kentang, bawang, akar halia, cili, dan ketumbar.

c) Masukkan tepung dan gaul perlahan hingga sebati. Ia membantu menggunakan tangan anda untuk mencampurkan segala-galanya.

d) Dalam pemproses makanan, pengisar, atau pengisar yang lebih berkuasa, kisar tauhu sehingga licin.

e) Masukkan adunan tauhu, garam, kunyit, serbuk cili, serbuk penaik, dan minyak ke dalam adunan sayuran. Campurkan.

f) Tuang adunan ke dalam loyang yang telah disediakan.

g) Bakar selama 45 hingga 50 minit, bergantung pada kepanasan ketuhar. Hidangan dilakukan apabila pencungkil gigi yang dimasukkan di tengah keluar bersih.

h) Sejukkan selama 10 minit dan potong segi empat sama. Hidangkan bersama chutney kegemaran anda.

65. Goreng keledek pedas

HASIL: 10 KUILT BERSAIZ SEDERHANA

bahan-bahan

- 1 keledek besar (atau kentang putih), dikupas dan dipotong dadu
- dadu ½ inci (13 mm) (kira-kira 4 cawan [600 g])
- 3 sudu besar minyak, dibahagikan
- 1 sudu teh biji jintan manis
- ½ bawang kuning atau merah sederhana, dikupas dan dicincang halus
- 1 inci akar halia, dikupas dan diparut atau dicincang
- 1 sudu kecil serbuk kunyit
- 1 sudu teh ketumbar kisar
- 1 sudu teh garam masala
- 1 sudu teh serbuk cili merah atau cayenne
- 1 cawan (145 g) kacang, segar atau beku (cairkan dahulu)
- 1-2 lada Thai, serrano atau cayenne hijau, dicincang

- 1 sudu teh garam laut kasar
- ½ cawan (46 g) gram (chickpea) tepung (besan)
- 1 sudu besar jus lemon
- Pasli atau ketumbar yang baru dicincang, untuk hiasan

Arah

a) Kukus kentang sehingga lembut, kira-kira 7 minit. Biarkan ia sejuk.
Gunakan tangan atau penumbuk kentang untuk memecahkannya sedikit. Anda akan mempunyai kira-kira 3 cawan (630g) kentang tumbuk pada ketika ini.

b) Dalam kuali kecil, panaskan 2 sudu besar minyak di atas api sederhana tinggi.

c) Masukkan jintan manis dan masak sehingga mendidih dan berwarna perang, kira-kira 30 saat.

d) Masukkan bawang besar, akar halia, kunyit, ketumbar, garam masala dan serbuk cili. Masak sehingga lembut, lagi 2-3 minit. Biarkan adunan sejuk.

e) Setelah sejuk, masukkan adunan tadi ke dalam kentang, diikuti kacang polong, cili, garam, tepung dan jus lemon.

f) Gaul rata dengan tangan atau sudu besar.

g) Bentuk adunan menjadi patties kecil dan ketepikan di atas dulang.

h) Dalam kuali yang besar dan berat, panaskan baki 1 sudu besar minyak di atas api sederhana tinggi. Masak bebola daging dalam kelompok 2-4, bergantung pada saiz kuali, selama kira-kira 2-3 minit pada setiap sisi, sehingga perang.

i) Ia dihidangkan panas, dihiasi dengan pasli cincang segar atau ketumbar. Roti ini boleh dimakan sebagai sandwic, di atas katil salad, atau sebagai hidangan yang menyeronokkan. Campuran akan disimpan selama kira-kira 3 hingga 4 hari di dalam peti sejuk. Untuk menjadikan bebola daging lebih tradisional, gunakan kentang biasa dan bukannya keledek.

66. Salad taugeh ibu

HASIL: 2 CAWAN

bahan-bahan

- 1 cawan (192 g) lentil hijau bertunas keseluruhan (sabut moong)
- 1 bawang hijau, dicincang
- 1 tomato kecil, dicincang ($\frac{1}{2}$ cawan [80 g])
- $\frac{1}{2}$ lada benggala merah atau kuning kecil, dicincang ($\frac{1}{4}$ cawan [38 g])
- 1 timun kecil, dibersihkan dan dicincang
- 1 kentang kecil, direbus, dikupas dan dicincang
- 1 keping akar halia, kupas dan parut atau cincang
- 1-2 lada Thai, serrano atau cayenne hijau, dicincang
- $\frac{1}{4}$ cawan (4 g) ketumbar cincang segar
- Jus $\frac{1}{2}$ lemon atau limau nipis
- $\frac{1}{2}$ sudu teh garam laut
- $\frac{1}{2}$ sudu kecil serbuk cili merah atau cayenne

- ½ sudu teh minyak

Arah

a) Satukan semua bahan dan gaul rata. Hidangkan sebagai salad sampingan atau sebagai snek cepat, sihat, protein tinggi.

b) Sumbat ke dalam pita dengan alpukat cincang untuk makan tengah hari yang cepat.

67. Salad tomato, timun dan bawang

HASIL: 5 CAWAN (1.19 L)

bahan-bahan

- 1 biji bawang besar kuning atau merah, kupas dan potong dadu
- 4 biji tomato sederhana, potong dadu
- 4 timun sederhana, dikupas dan dipotong dadu
- 1-3 lada Thai, serrano atau cayenne hijau, dicincang
- Jus 2 biji limau purut
- ¼ cawan (4 g) ketumbar cincang segar
- 1 sudu teh garam laut kasar
- 1 sudu kecil garam hitam (kala namak)
- 1 sudu teh serbuk cili merah atau cayenne

Arah

a) Dalam mangkuk besar satukan semua bahan dan gaul rata.

b) Hidangkan segera sebagai ulam kepada mana-mana hidangan atau hidangkan dengan sampingan kerepek sebagai salsa yang cepat dan sihat. Ambil perhatian bahawa dengan gabungan lemon dan tomato, salad ini tidak mempunyai jangka hayat yang panjang.

68. Salad Street Popper dengan kacang ayam

HASIL: 5 CAWAN (1.19 L)

bahan-bahan

- 4 cawan Chickpea Poppers dimasak dengan mana-mana masala
- 1 bawang kuning atau merah sederhana, dikupas dan dipotong dadu
- 1 tomato besar, potong dadu
- Jus 2 biji limau
- $\frac{1}{2}$ cawan (8 g) ketumbar cincang segar
- 2-4 lada Thai, serrano atau cayenne hijau, dicincang
- 1 sudu teh garam laut kasar
- 1 sudu kecil garam hitam (kala namak)
- 1 sudu teh serbuk cili merah atau cayenne
- 1 sudu teh Chaat Masala
- $\frac{1}{2}$ cawan pudina chutney
- $\frac{1}{2}$ cawan chutney kurma asam jawa

- 1 cawan yogurt soya Raita

Arah

a) Dalam mangkuk yang dalam, campurkan poppers chickpea, bawang, tomato, jus lemon, ketumbar, cili, garam laut, garam hitam, serbuk cili merah dan Chaat Masala.

b) Bahagikan adunan ke dalam mangkuk hidangan individu.

c) Teratas setiap mangkuk dengan satu sudu setiap Pudina Tamarind dan Date Chutneys dan Soya Yogurt Raita. Hidangkan segera.

69. Salad lobak merah rangup

HASIL: 5 CAWAN (1.19 L)

bahan-bahan

- ½ cawan (96 g) lentil hijau yang dibelah dan dikupas
- 5 cawan (550 g) lobak merah yang dikupas dan parut
- 1 daikon sederhana, dikupas dan parut
- ¼ cawan (40 g) kacang tanah mentah, panggang kering
- ¼ cawan (4 g) ketumbar cincang segar
- Jus 1 lemon sederhana
- 2 sudu kecil garam laut kasar
- ½ sudu kecil serbuk cili merah atau cayenne
- 1 sudu besar minyak
- 1 sudu teh timbunan biji sawi hitam
- 6-7 helai daun kari, dihiris kasar
- 1-2 lada Thai, serrano atau cayenne hijau, dicincang

Arah

a) Rendam lentil dalam air mendidih selama 20 hingga 25 minit, sehingga al dente. Kebocoran.

b) Letakkan lobak merah dan daikon dalam mangkuk yang dalam.

c) Masukkan lentil, kacang tanah, ketumbar, jus lemon, garam dan serbuk cili.

d) Dalam kuali yang kecil dan berat, panaskan minyak di atas api yang sederhana tinggi.

e) Masukkan biji sawi. Tutup kuali (supaya ia tidak terkeluar dan hangus) dan masak sehingga biji mendesis, kira-kira 30 saat.

f) Masukkan daun kari dan cili hijau dengan teliti.

g) Tuangkan campuran ini ke atas salad dan gaul rata. Hidangkan segera atau sejukkan sebelum dihidangkan.

70. Beras Perang dan Adzuki Bean Dhokla

HASIL: lebih kurang 2 PULUH-PULUH SEGI

- ½ cawan (95 g) beras basmati perang, dicuci
- ½ cawan (95 g) beras basmati putih, dicuci
- ½ cawan (99 g) kacang adzuki yang dikupas, dipetik dan dicuci
- 2 sudu besar gram belah (chana dal)
- ¼ sudu teh biji fenugreek
- ½ pakej 12-auns tauhu sutera lembut
- Jus 1 lemon sederhana
- 1 sudu teh garam laut kasar
- 1 cawan air
- ½ sudu teh eno atau baking soda
- ½ sudu teh cili merah, cayenne, atau serbuk paprika
- 1 sudu besar minyak
- 1 sudu teh biji sawi coklat atau hitam
- 15-20 helai daun kari, dihiris kasar

- 1-3 lada Thai, serrano, atau cayenne hijau, batang dibuang, dipotong memanjang

Arah

a) Rendam beras perang dan putih, kacang adzuki, belah gram dan fenugreek bersama-sama dalam air semalaman.

b) Dalam pengisar berkuasa tinggi, satukan campuran beras dan lentil, tauhu, jus lemon, garam dan 1 cawan air.

c) Kisar maksimum selama 4 hingga 5 minit, sehingga homogen. Bersabarlah. Anda mungkin perlu berhenti dan mengikis bahagian tepi kendi supaya ia sebati. Tuangkan adunan ke dalam mangkuk yang dalam.

d) Biarkan doh selama 2 hingga 3 jam. Selesai, atau ia akan mula menjadi masam.

e) Griskan kuali segi empat tepat. (Saya mempunyai 9 inci [22.5 sm] persegi dan 2 inci [5 sm] dalam.)

f) Taburkan eno atau baking soda di bahagian bawah dan kacau perlahan-lahan 2 atau 3 kali. Anda akan segera melihat ia mula berbuih.

g) Tuangkan adunan ke dalam loyang yang telah disediakan.

h) Didihkan sedikit air dalam dandang berganda yang cukup besar untuk memuatkan kuali empat segi. Perlahan-lahan letakkan kuali persegi di atas dandang.

i) Tutup kuali dan kukus selama 12 hingga 15 minit. Dhokla dimasak apabila pencungkil gigi yang dimasukkan di tengah keluar bersih. Keluarkan penutup dan biarkan ia sejuk selama 10 minit dalam kuali.

j) Keluarkan kuali persegi dengan berhati-hati dari api.

k) Potong dhokla dengan lembut menjadi segi empat sama dan susunkannya dalam piramid di atas pinggan besar.

l) Taburkan mereka dengan lada panas merah, cayenne atau paprika.

m) Sediakan pembajaan. Dalam kuali, panaskan 1 sudu besar minyak di atas api sederhana tinggi. Masukkan biji sawi. Bila dah mula meletop, masukkan daun kari dan cili.

n) Tuangkan adunan ini secara merata ke atas dhokla. Hidangkan segera dengan bahagian ketumbar pudina atau chutney kelapa.

71. Salad India Utara hangat

HASIL: 3 CAWAN

bahan-bahan

- 1 sudu besar minyak
- 1 sudu teh biji jintan manis
- ½ sudu kecil serbuk kunyit
- 1 bawang kuning atau merah sederhana, dibersihkan dan dicincang
- 1 keping akar halia, kupas dan potong batang mancis
- 2 ulas bawang putih, bersihkan dan parut
- 1-2 lada Thai, serrano atau cayenne hijau
- 2 cawan (396 g) kacang atau lentil yang telah dimasak
- 1 sudu teh garam laut kasar
- ½ sudu kecil serbuk cili merah atau cayenne
- ½ sudu teh garam hitam (kala namak) ¼ cawan (4 g) ketumbar cincang segar

Arah

a) Dalam kuali yang dalam dan berat, panaskan minyak di atas api yang sederhana tinggi.

b) Masukkan jintan manis dan kunyit. Masak sehingga biji berkerisik, kira-kira 30 saat.

c) Masukkan bawang besar, akar halia, bawang putih dan lada sulah. Masak sehingga keperangan, kira-kira 2 minit.

d) Masukkan kacang atau lentil. Masak selama 2 minit lagi.

e) Masukkan garam laut, serbuk cili, garam hitam dan ketumbar. Gaul rata dan hidangkan.

72. Salad jalanan sejuk

HASIL: 6 CAWAN

bahan-bahan

- 4 cawan kacang penuh atau lentil masak
- 1 biji bawang merah sederhana, dibersihkan dan dipotong dadu
- 1 tomato sederhana, dipotong dadu
- 1 biji timun kecil, kupas dan potong dadu
- 1 daikon sederhana, dikupas dan parut
- 1-2 lada Thai, serrano atau cayenne hijau, dicincang
- $\frac{1}{4}$ cawan (4 g) ketumbar segar yang dicincang
- Jus 1 lemon besar
- 1 sudu teh garam laut kasar
- $\frac{1}{2}$ sdt garam hitam (kala namak)
- $\frac{1}{2}$ sudu teh Chaat Masala
- $\frac{1}{2}$ sudu kecil serbuk cili merah atau cayenne

- 1 sudu teh kunyit putih segar, dibersihkan dan diparut (pilihan)

Arah

a) Dalam mangkuk yang dalam, campurkan semua bahan.

b) Hidangkan segera sebagai salad sampingan atau dibungkus dengan daun salad.

73. Kacang Masala Quickie atau Lentil

HASIL: 5 CAWAN (1.19 L)

bahan-bahan

- 1 cawan Gila Masala
- 1 cawan sayur cincang
- 1-3 lada Thai, serrano atau cayenne, dicincang
- 1 sudu teh garam masala
- 1 sudu teh ketumbar kisar
- 1 sudu teh jintan kisar panggang
- $\frac{1}{2}$ sudu kecil serbuk cili merah atau cayenne
- $1\frac{1}{2}$ sudu teh garam laut kasar
- 2 cawan air
- 2 cawan kacang penuh atau lentil masak
- 1 sudu besar ketumbar cincang segar, untuk hiasan

Arah

a) Dalam periuk yang dalam dan berat, panaskan Gila Masala di atas api sederhana tinggi sehingga ia mula menggelegak.

b) Masukkan sayur-sayuran, cili, garam masala, ketumbar, jintan manis, serbuk cili, garam dan air. Masak sehingga sayur-sayuran lembut, 15 hingga 20 minit.

c) Masukkan kacang atau lentil. Masak sehingga dipanaskan.

d) Hiaskan dengan ketumbar dan hidangkan segera dengan beras basmati perang atau putih, roti atau naan.

74. Salad Kekacang dengan Kelapa

HASIL: 4 CAWAN

bahan-bahan

- 2 sudu besar minyak kelapa
- ½ sudu teh asafetida (hingga)
- 1 sudu teh biji sawi hitam
- 10-12 helai daun kari, dihiris kasar
- 2 sudu besar kelapa parut tanpa gula
- 4 cawan kacang penuh atau lentil masak
- 1 sudu teh garam laut kasar
- 1-2 lada Thai, serrano atau cayenne,

Arah

a) Dalam kuali yang dalam dan berat, panaskan minyak di atas api yang sederhana tinggi.

b) Masukkan asafetida, sawi, daun kari dan kelapa. Panaskan sehingga biji muncul, kira-kira 30 saat. Berhati-hati supaya daun kari atau kelapa tidak hangus. Benih mungkin keluar, jadi simpan tudung.

c) Masukkan kacang atau lentil, garam dan lada sulah. Gaul rata dan hidangkan segera.

75. Kacang kari atau lentil

HASIL: 5 CAWAN

bahan-bahan

- 2 sudu besar minyak
- ½ sudu teh asafetida (hingga)
- 2 sudu kecil biji jintan manis
- ½ sudu kecil serbuk kunyit
- 1 batang kayu manis
- 1 helai daun cassia (atau bay).
- ½ bawang kuning atau merah sederhana, dikupas dan dicincang
- 1 keping akar halia, kupas dan parut atau cincang
- 4 ulas bawang putih, bersihkan dan parut atau cincang
- 2 biji tomato besar, kupas dan potong dadu
- 2-4 lada Thai, serrano atau cayenne hijau, dicincang
- 4 cawan kacang penuh atau lentil masak
- 4 cawan air
- 1½ sudu teh garam laut kasar

- 1 sudu teh serbuk cili merah atau cayenne
- 2 sudu besar ketumbar cincang segar, untuk hiasan

Arah

a) Dalam periuk berat, panaskan minyak di atas api yang sederhana tinggi.

b) Masukkan asafetida, jintan manis, kunyit, kayu manis, dan daun cassia dan masak sehingga biji mendesis, kira-kira 30 saat.

c) Masukkan bawang dan masak sehingga perang sedikit, kira-kira 3 minit. Kacau selalu untuk mengelakkan bawang melekat pada kuali.

d) Masukkan akar halia dan bawang putih. Masak selama 2 minit lagi.

e) Masukkan tomato dan cili hijau.

f) Kecilkan api ke sederhana rendah dan masak selama 3 hingga 5 minit, sehingga tomato mula pecah.

g) Masukkan kacang atau lentil dan masak selama 2 minit lagi.

h) Masukkan air, garam dan serbuk cili. Biarkan mendidih.

i) Setelah adunan mendidih, kecilkan api dan reneh selama 10 hingga 15 minit.

j) Hiaskan dengan ketumbar dan hidangkan dengan nasi basmati perang atau putih, roti atau naan.

76. Kari inspirasi Goan dengan santan

HASIL: 6 CAWAN (1.42 L)

bahan-bahan

- 1 sudu besar minyak
- ½ bawang besar, dikupas dan dipotong dadu
- 1 keping akar halia, kupas dan parut atau cincang
- 4 ulas bawang putih, bersihkan dan parut atau cincang
- 1 tomato besar, dipotong dadu (2 cawan)
- 1-3 lada Thai, serrano atau cayenne hijau, dicincang
- 1 sudu besar ketumbar kisar
- 1 sudu besar jintan halus
- 1 sudu kecil serbuk kunyit
- 1 sudu kecil pes asam jawa
- 1 sudu teh gula perang atau gula perang
- 1½ sudu teh garam laut kasar
- 3 cawan air

- 4 cawan lentil atau kacang yang dimasak keseluruhan (kacang bermata hitam adalah tradisional)
- 1 cawan santan biasa atau ringan
- Jus ½ lemon sederhana
- 1 sudu besar ketumbar cincang segar, untuk hiasan

Arah

a) Dalam periuk yang dalam dan berat, panaskan minyak di atas api yang sederhana tinggi.

b) Masukkan bawang dan masak selama 2 minit, sehingga perang sedikit.

c) Masukkan akar halia dan bawang putih. Masak seminit lagi.

d) Masukkan tomato, cili, ketumbar, jintan manis, kunyit, asam jawa, jaggery, garam dan air.

e) Didihkan, kecilkan api dan reneh tanpa tutup selama 15 minit.

f) Masukkan lentil atau kacang dan santan dan panaskan.

g) Masukkan jus lemon dan hiaskan dengan ketumbar. Hidangkan dengan nasi basmati perang atau putih, roti atau naan.

77. Kekacang Chana Masala

HASIL: 6 CAWAN (1.42 L)

bahan-bahan

- 2 sudu besar minyak
- 1 sudu kecil biji jintan manis
- ½ sudu kecil serbuk kunyit
- 2 sudu besar Chana Masala
- 1 biji bawang besar kuning atau merah, kupas dan potong dadu
- 1 (2 inci [5 sm]) keping akar halia, dikupas dan diparut atau dicincang
- 4 ulas bawang putih, bersihkan dan parut atau cincang
- 2 tomato sederhana, dipotong dadu
- 1-3 lada Thai, serrano atau cayenne hijau, dicincang
- 1 sudu teh serbuk cili merah atau cayenne
- 1 sudu besar garam laut kasar
- 1 cawan air
- 4 cawan kacang penuh atau lentil masak

Arah

a) Dalam kuali yang dalam dan berat, panaskan minyak di atas api yang sederhana tinggi.

b) Masukkan jintan manis, kunyit dan Chana Masala dan masak sehingga biji mendesis, kira-kira 30 saat.

c) Masukkan bawang dan masak sehingga lembut, kira-kira satu minit.

d) Masukkan akar halia dan bawang putih. Masak seminit lagi.

e) Masukkan tomato, cili hijau, serbuk cili, garam, dan air.

f) Didihkan, kecilkan api dan reneh adunan selama 10 minit, sehingga semua bahan sebati.

g) Masukkan kacang atau lentil dan masak. Hidangkan di atas beras basmati perang atau putih atau dengan roti atau naan.

78. Kari Kacang Punjabi

HASIL: 7 CAWAN (1.66 L)

bahan-bahan

- 1 bawang kuning atau merah sederhana, dikupas dan dicincang kasar
- 1 keping akar halia, dikupas dan dicincang kasar
- 4 ulas bawang putih, bersihkan dan potong
- 2-4 lada Thai, serrano atau cayenne hijau
- 2 sudu besar minyak
- $\frac{1}{2}$ sudu teh asafetida (hingga)
- 2 sudu kecil biji jintan manis
- 1 sudu kecil serbuk kunyit
- 1 batang kayu manis
- 2 ulas keseluruhan
- 1 buah buah pelaga hitam
- 2 tomato sederhana, dikupas dan dipotong dadu (1 cawan)
- 2 sudu besar pes tomato

- 4 cawan kacang penuh atau lentil masak

- 2 cawan air

- 2 sudu kecil garam laut kasar

- 2 sudu teh garam masala

- 1 sudu teh serbuk cili merah atau cayenne

- 2 sudu besar ketumbar cincang segar

Arah

a) Dalam pemproses makanan, proses bawang, akar halia, bawang putih dan cili menjadi pes berair.

b) Dalam kuali yang dalam dan berat, panaskan minyak di atas api yang sederhana tinggi.

c) Masukkan asafetida, jintan manis, kunyit, kayu manis, bunga cengkih dan buah pelaga. Masak sehingga adunan mendesis, kira-kira 30 saat.

d) Perlahan-lahan masukkan pes bawang. Berhati-hati – ini boleh memercik apabila ia menyentuh minyak panas. Masak sehingga perang, kacau sekali-sekala, kira-kira 2 minit.

e) Masukkan tomato, pes tomato, lentil atau kacang, air, garam, garam masala dan serbuk cili merah.

f) Biarkan adunan mendidih, kemudian kecilkan api dan reneh selama 10 minit.

g) Keluarkan rempah keseluruhan. Masukkan ketumbar dan hidangkan di atas katil beras basmati perang atau putih.

79. Kacang dan Lentil Masak Perlahan

HASIL: 10 CAWAN

bahan-bahan

- 2 cawan (454 g) kacang lima kering, dipetik dan dibasuh
- ½ bawang kuning atau merah sederhana, dikupas dan dicincang kasar
- 1 tomato sederhana, dipotong dadu
- 1 keping akar halia, kupas dan parut atau cincang
- 2 ulas bawang putih, bersihkan dan parut atau cincang
- 1-3 lada Thai, serrano atau cayenne hijau, dicincang
- 3 ulas keseluruhan
- 1 sudu kecil biji jintan manis
- 1 sudu teh serbuk cili merah atau cayenne
- timbunan sudu teh garam laut kasar
- ½ sudu kecil serbuk kunyit
- ½ sudu teh garam masala
- 7 cawan (1.66 L) air

- ¼ cawan (4 g) ketumbar cincang segar

Arah

a) Masukkan semua bahan kecuali ketumbar dalam periuk perlahan. Masak dengan api besar selama 7 jam, sehingga kacang pecah dan menjadi agak berkrim.

b) Kira-kira separuh proses memasak, kacang akan kelihatan seperti siap, tetapi simpan periuk perlahan. Kari akan tetap berair dan perlu terus memasak.

c) Keluarkan cengkih jika anda menemuinya. Masukkan ketumbar segar dan hidangkan di atas nasi basmati atau dengan roti atau naan.

80. Chana dan Belah Moong Dal dengan Serpihan Lada

HASIL: 8 CAWAN

bahan-bahan

- 1 cawan (192 g) belah gram (chana dal), dipetik dan dibasuh
- 1 cawan (192 g) lentil hijau belah kering dengan kulit (moong dal), dipetik dan dibasuh
- ½ bawang kuning atau merah sederhana, dikupas dan dipotong dadu
- 1 keping akar halia, kupas dan parut atau cincang

- 4 ulas bawang putih, bersihkan dan parut atau cincang
- 1 tomato sederhana, dikupas dan dipotong dadu
- 1-3 lada Thai, serrano atau cayenne hijau, dicincang
- 1 sudu besar ditambah 1 sudu teh biji jintan manis, dibahagikan
- 1 sudu kecil serbuk kunyit
- 2 sudu kecil garam laut kasar
- 1 sudu teh serbuk cili merah atau cayenne
- 6 cawan air
- 2 sudu besar minyak
- 1 sudu kecil serpihan lada merah
- 2 sudu besar ketumbar cincang segar

Arah

a) Letakkan gram belah, lentil hijau, bawang besar, akar halia, bawang putih, tomato, lada cili, 1 sudu besar jintan, kunyit, garam, serbuk cili merah, dan air dalam periuk perlahan. Masak dengan api besar selama 5 jam.

b) Hampir penghujung masa memasak, panaskan minyak dalam kuali kecil di atas api sederhana tinggi.

c) Masukkan baki 1 sudu teh jintan manis.

d) Setelah mendidih masukkan kepingan lada merah. Masak selama 30 saat lagi paling banyak. Jika anda terlalu masak, kepingan akan menjadi terlalu keras.

e) Masukkan campuran ini, bersama-sama dengan ketumbar, ke lentil.

f) Hidangkan sahaja sebagai sup atau dengan beras basmati perang atau putih, roti atau naan.

81. Tauhu dan tomato berempah

HASIL: 4 CAWAN

bahan-bahan

- 2 sudu besar minyak
- 1 sudu besar jintan manis
- 1 sudu kecil serbuk kunyit
- 1 bawang merah atau kuning sederhana, dibersihkan dan dicincang
- 1 (2 inci [5 sm]) keping akar halia, dikupas dan diparut atau dicincang
- 6 ulas bawang putih, bersihkan dan parut atau cincang
- 2 tomato sederhana, dikupas (pilihan) dan dicincang (3 cawan [480 g])
- 2-4 lada Thai, serrano atau cayenne hijau, dicincang
- 1 sudu besar pes tomato
- 1 sudu besar garam masala
- 1 sudu besar daun fenugreek kering (kasoori methi), ditumbuk dengan tangan untuk mengeluarkan rasa

- 1 cawan air
- 2 sudu kecil garam laut kasar
- 1 sudu teh serbuk cili merah atau cayenne
- 2 lada benggala hijau sederhana, dibiji dan dipotong dadu (2 cawan)
- 2 paket tauhu pejal organik, dibakar dan dipotong dadu

Arah

a) Dalam kuali yang besar dan berat, panaskan minyak di atas api yang sederhana tinggi.

b) Masukkan jintan manis dan kunyit. Masak sehingga biji berkerisik, kira-kira 30 saat.

c) Masukkan bawang besar, akar halia dan bawang putih. Masak selama 2-3 minit, sehingga mereka berwarna perang ringan, kacau dari semasa ke semasa.

d) Masukkan tomato, cili, pes tomato, garam masala, fenugreek, air, garam dan serbuk cili. Kecilkan api sedikit dan reneh selama 8 minit.

e) Masukkan lada benggala dan masak selama 2 minit lagi. Masukkan tauhu dan gaul rata. Masak selama 2 minit lagi, sehingga ia panas. Hidangkan dengan nasi basmati perang atau putih, roti atau naan.

82. Hash kentang dengan jintan manis

HASIL: 4 CAWAN

bahan-bahan

- 1 sudu besar minyak
- 1 sudu besar biji jintan manis
- ½ sudu teh asafetida (hingga)
- ½ sudu kecil serbuk kunyit
- ½ sudu kecil serbuk mangga (amchur)
- 1 biji bawang kuning atau merah kecil, dibersihkan dan dipotong dadu
- 1 keping akar halia, kupas dan parut atau cincang
- 3 kentang rebus besar (apa-apa jenis), dikupas dan dipotong dadu (4 cawan [600 g])
- 1 sudu teh garam laut kasar
- 1–2 lada Thai, serrano atau cayenne hijau, dibuang batangnya, dihiris nipis
- ¼ cawan (4 g) ketumbar cincang segar, jus ½ lemon

Arah

a) Dalam kuali yang dalam dan berat, panaskan minyak di atas api yang sederhana tinggi.

b) Masukkan jintan manis, asafetida, kunyit dan serbuk mangga. Masak sehingga biji berkerisik, kira-kira 30 saat.

c) Masukkan bawang besar dan akar halia. Masak selama satu minit lagi, kacau untuk mengelakkan melekat.

d) Masukkan kentang dan garam. Gaul rata dan masak sehingga kentang panas.

e) Teratas dengan cili, ketumbar dan jus lemon. Hidangkan sebagai sampingan dengan roti atau naan atau digulung dalam besan poora atau dosa. Ini bagus sebagai pengisian untuk sandwic sayuran atau pun dihidangkan dalam cawan salad hijau.

83. Hash kentang dengan biji sawi

HASIL: 4 CAWAN

bahan-bahan

- 1 sudu besar gram split (chana dal)
- 1 sudu besar minyak
- 1 sudu kecil serbuk kunyit
- 1 sudu teh biji sawi hitam
- 10 helai daun kari, dihiris kasar
- 1 biji bawang kuning atau merah kecil, dibersihkan dan dipotong dadu
- 3 biji kentang rebus besar (apa-apa jenis), dibersihkan dan dipotong dadu
- 1 sudu kecil garam putih kasar
- 1-2 lada Thai, serrano atau cayenne hijau, dibuang batangnya, dihiris nipis

Arah

a) Rendam gram terbelah dalam air mendidih semasa anda menyediakan bahan-bahan yang tinggal.

b) Dalam kuali yang dalam dan berat, panaskan minyak di atas api yang sederhana tinggi.

c) Masukkan kunyit, sawi, daun kari dan gram toskan. Berhati-hati, bijinya cenderung retak dan lentil yang direndam mungkin terpercik minyak, jadi anda mungkin memerlukan penutup. Masak selama 30 saat, kacau untuk mengelakkan melekat.

d) Masukkan bawang besar. Masak sehingga perang sedikit, kira-kira 2 minit.

e) Masukkan kentang, garam dan lada sulah. Masak selama 2 minit lagi. Hidangkan sebagai sampingan dengan roti atau naan atau digulung dalam besan poora atau dosa. Ini bagus sebagai pengisian untuk sandwic sayuran atau pun dihidangkan dalam cawan salad hijau.

84. Kubis Gaya Punjabi

HASIL: 7 CAWAN

bahan-bahan

- 3 sudu besar minyak
- 1 sudu besar biji jintan manis
- 1 sudu kecil serbuk kunyit
- ½ bawang kuning atau merah, dikupas dan dipotong dadu
- 1 keping akar halia, kupas dan parut atau cincang
- 6 ulas bawang putih, bersihkan dan cincang
- 1 kentang sederhana, dikupas dan dipotong dadu
- 1 kobis putih kepala sederhana, dengan daun luar dikeluarkan dan dicincang halus (kira-kira 8 cawan [560 g])
- 1 cawan (145 g) kacang polong, segar atau beku
- 1 cili Thai, serrano atau cayenne hijau, dibuang batang, dicincang
- 1 sudu teh ketumbar kisar
- 1 sudu teh jintan kisar

- 1 sudu kecil lada hitam dikisar
- ½ sudu kecil serbuk cili merah atau cayenne
- 1½ sudu teh garam laut

Arah

a) Masukkan semua bahan ke dalam periuk perlahan dan gaul rata.

b) Masak dengan api perlahan selama 4 jam. Hidangkan bersama nasi basmati putih atau perang, roti atau naan. Ini adalah pengisian yang hebat untuk pita dengan sebiji yogurt soya raita.

85. Kobis dengan biji sawi dan kelapa

HASIL: 6 CAWAN

bahan-bahan

- 2 sudu besar lentil hitam keseluruhan, dikupas (sabut urud dal)
- 2 sudu besar minyak kelapa
- ½ sudu teh asafetida (hingga)
- 1 sudu teh biji sawi hitam
- 10-12 helai daun kari, dihiris kasar
- 2 sudu besar kelapa parut tanpa gula
- 1 kobis putih kepala sederhana, dicincang (8 cawan [560 g])
- 1 sudu teh garam laut kasar
- 1-2 lada Thai, serrano atau cayenne, buang batangnya, potong memanjang

Arah

a) Rendam lentil dalam air mendidih untuk melembutkan semasa anda menyediakan bahan-bahan yang tinggal.

b) Dalam kuali yang dalam dan berat, panaskan minyak di atas api yang sederhana tinggi.

c) Masukkan asafetida, sawi, lentil toskan, daun kari dan kelapa. Panaskan sehingga biji muncul, kira-kira 30 saat. Berhati-hati supaya daun kari atau kelapa tidak hangus. Benih mungkin keluar, jadi simpan tudung.

d) Kobis dan garam ditambah. Masak, kacau selalu, selama 2 minit sehingga kubis layu.

e) Masukkan cili. Hidangkan segera sebagai salad hangat, sejuk atau dengan roti atau naan.

86. Kacang dengan kentang

HASIL: 5 CAWAN

bahan-bahan

- 1 sudu besar minyak
- 1 sudu teh biji jintan manis
- ½ sudu kecil serbuk kunyit
- 1 bawang merah atau kuning sederhana, dikupas dan dipotong dadu
- 1 keping akar halia, kupas dan parut atau cincang
- 3 ulas bawang putih, bersihkan dan parut atau cincang
- 1 kentang sederhana, dikupas dan dipotong dadu
- ¼ cawan air
- 4 cawan kacang cincang
- 1-2 lada Thai, serrano atau cayenne, dicincang
- 1 sudu teh garam laut kasar
- 1 sudu teh serbuk cili merah atau cayenne

Arah

a) Dalam kuali yang berat dan dalam, panaskan minyak di atas api yang sederhana tinggi.

b) Masukkan jintan manis dan kunyit dan masak sehingga biji mendesis, kira-kira 30 saat.

c) Masukkan bawang besar, akar halia dan bawang putih. Masak sehingga perang sedikit, kira-kira 2 minit.

d) Masukkan kentang dan masak selama 2 minit lagi, kacau berterusan. Tambah air untuk mengelakkan melekat.

e) Masukkan kacang. Masak selama 2 minit, kacau sekali-sekala.

f) Masukkan paprika, garam dan serbuk cili.

g) Kecilkan api kepada sederhana-rendah dan separa tutup kuali. Masak selama 15 minit, sehingga kacang dan kentang lembut. Matikan api dan biarkan kuali duduk, tertutup, pada penunu yang sama selama 5 hingga 10 minit lagi.

h) Hidangkan bersama nasi basmati putih atau perang, roti atau naan.

87. Terung dengan kentang

HASIL: 6 CAWAN (1.42 L)

bahan-bahan

- 2 sudu besar minyak
- ½ sudu teh asafetida (hingga)
- 1 sudu teh biji jintan manis
- ½ sudu kecil serbuk kunyit
- 1 keping (2 inci [5 sm]) akar halia, dikupas dan dipotong menjadi batang panjang ½ inci (13 mm)
- 4 ulas bawang putih, kupas dan cincang kasar
- 1 kentang sederhana, dikupas dan dicincang kasar
- 1 biji bawang besar, kupas dan cincang kasar
- 1-3 lada Thai, serrano atau cayenne, dicincang
- 1 tomato besar, dicincang kasar
- 4 terung sederhana dalam kulit, dicincang kasar, hujung berkayu disertakan (8 cawan [656 g])
- 2 sudu kecil garam laut kasar

- 1 sudu besar garam masala
- 1 sudu besar ketumbar kisar
- 1 sudu teh serbuk cili merah atau cayenne
- 2 sudu besar ketumbar cincang segar, untuk hiasan

Arah

a) Dalam kuali yang dalam dan berat, panaskan minyak di atas api yang sederhana tinggi.

b) Masukkan asafetida, jintan manis dan kunyit. Masak sehingga biji berkerisik, kira-kira 30 saat.

c) Masukkan akar halia dan bawang putih. Masak, kacau sentiasa, selama 1 minit.

d) Masukkan kentang. Masak selama 2 minit.

e) Masukkan bawang dan cili dan masak selama 2 minit lagi, sehingga perang sedikit.

f) Masukkan tomato dan masak selama 2 minit. Pada ketika ini, anda akan membuat asas untuk hidangan anda.

g) Masukkan terung. (Adalah penting untuk mengekalkan hujung kayu supaya anda dan tetamu anda boleh mengunyah pusat daging yang lazat itu nanti.)

h) Masukkan garam, garam masala, ketumbar dan serbuk cili merah.
Masak selama 2 minit.

i) Kecilkan api, tutup sebahagiannya kuali dan masak selama 10 minit lagi.

j) Tutup api, tutup kuali sepenuhnya dan biarkan selama 5 minit supaya semua rasa berpeluang untuk benar-benar bergaul. Hiaskan dengan ketumbar dan hidangkan dengan roti atau naan.

88. Brussels Sprouts Masala

HASIL: 4 CAWAN

bahan-bahan

- 1 sudu besar minyak
- 1 sudu teh biji jintan manis
- 2 cawan Gila Masala
- 1 cawan air
- 4 sudu besar krim gajus
- 4 cawan pucuk Brussels, dipotong dan dibelah dua
- 1-3 lada Thai, serrano atau cayenne, dicincang
- 2 sudu kecil garam laut kasar
- 1 sudu teh garam masala
- 1 sudu teh ketumbar kisar
- 1 sudu teh serbuk cili merah atau cayenne
- 2 sudu besar ketumbar cincang segar, untuk hiasan

Arah

a) Dalam kuali yang dalam dan berat, panaskan minyak di atas api yang sederhana tinggi.

b) Masukkan jintan manis dan masak sehingga biji mendesis, kira-kira 30 saat.

c) Masukkan sup tomato, air, krim gajus, pucuk Brussels, lada panas, garam, garam masala, ketumbar dan serbuk lada panas.

d) Biarkan mendidih. Kecilkan api dan reneh, tanpa penutup, selama 10 hingga 12 minit, sehingga pucuk Brussels lembut.

e) Hiaskan dengan ketumbar dan hidangkan di atas beras basmati perang atau putih atau dengan roti atau naan.

89. Pai terung yang disumbat dengan gajus

HASIL: 20 PAM TERUNG

bahan-bahan

- ½ cawan (69 g) gajus mentah 20 anak terung
- 2 sudu besar minyak, dibahagikan
- 1 sudu teh biji jintan manis
- 1 sudu kecil biji ketumbar
- 1 sudu besar bijan
- ½ sudu kecil biji sawi hitam
- ½ sudu teh biji adas
- ¼ sudu teh biji fenugreek
- 1 biji bawang besar kuning atau merah, kupas dan potong dadu
- 1 keping akar halia, kupas dan parut atau cincang
- 4 ulas bawang putih, kupas dan cincang kasar
- 1-3 lada Thai, serrano atau cayenne, dicincang
- 1 sudu kecil serbuk kunyit
- 1 sudu kecil gula pasir parut

- 2 sudu teh garam masala
- 1 sudu besar garam laut kasar
- 1 sudu teh serbuk cili merah atau cayenne
- 1 cawan air, dibahagikan
- 2 sudu besar ketumbar cincang segar, untuk hiasan

Arah

a) Rendam gajus dalam air semasa anda menyediakan bahan-bahan yang tinggal.

b) Potong 2 celah serenjang ke dalam setiap terung bawah, pergi ke arah batang dan berhenti sebelum memotong terung. Mereka harus kekal utuh. Apabila anda selesai, anda akan mempunyai 4 bahagian, disatukan oleh batang berkayu hijau. Letakkannya dalam mangkuk air semasa anda menyediakan bahan-bahan yang tinggal. Ini akan membantu anda membuka sedikit terung supaya anda boleh memasukkannya dengan lebih baik kemudian.

c) Dalam kuali berat, panaskan 1 sudu besar minyak di atas api sederhana tinggi.

d) Masukkan jintan manis, ketumbar, bijan, sawi, adas dan biji fenugreek. Masak sehingga biji mudah meletus, kira-kira 30 saat. Jangan terlalu masak - fenugreek boleh menjadi pahit.

e) Masukkan bawang besar, akar halia, bawang putih dan lada sulah. Masak sehingga bawang keperangan, kira-kira 2 minit.

f) Masukkan kunyit, jaggery, garam masala, garam, serbuk cili dan gajus toskan. Masak selama 2 minit lagi, sehingga homogen.

g) Pindahkan campuran ini ke pemproses makanan. Masukkan $\frac{1}{2}$ cawan air dan proses sehingga halus. Ambil masa anda; anda mungkin perlu berhenti dan mengikis bahagian tepi.

h) Terung kini sedia untuk disumbat! Memegang terung dalam satu tangan, sudukan kira-kira 1 sudu besar campuran ke tengah terung, meliputi semua sisi.

i) Tutup perlahan-lahan terung dan letakkan dalam mangkuk besar sehingga anda selesai memasukkan semua terung.

j) Dalam kuali yang besar dan dalam, panaskan baki 1 sudu besar minyak di atas api yang sederhana tinggi. Perlahan-lahan masukkan terung, satu demi satu. Tambah baki masala dan baki $\frac{1}{2}$ cawan air dan kurangkan haba kepada sederhana-rendah. Tutup kuali dan masak selama 20 minit, kacau sekali-sekala, berhati-hati untuk memastikan terung sentiasa utuh.

k) Tutup api dan biarkan terung selama 5 minit untuk benar-benar masak dan menyerap semua rasa. Hiaskan dengan ketumbar dan hidangkan di atas nasi atau dengan roti atau naan.

90. Bayam Berempah dengan "Paneer"

HASIL: 10 CAWAN (2.37 L)

bahan-bahan

- 2 sudu besar minyak
- 1 sudu besar biji jintan manis
- 1 sudu kecil serbuk kunyit
- 1 biji bawang besar kuning atau merah, kupas dan potong dadu
- 1 (2 inci [5 sm]) keping akar halia, dikupas dan diparut atau dicincang
- 6 ulas bawang putih, bersihkan dan parut atau cincang
- 2 tomato besar, dicincang
- 1-2 lada Thai, serrano atau cayenne, dicincang
- 2 sudu besar pes tomato
- 1 cawan air
- 1 sudu besar ketumbar kisar
- 1 sudu besar garam masala

- 2 sudu kecil garam laut kasar
- 12 cawan (360 g) bayam cincang segar, padat
- 1 bungkusan (14 auns [397 g]) tauhu lebih pejal organik, dibakar dan dipotong dadu

Arah

a) Dalam kuali yang besar dan berat, panaskan minyak di atas api yang sederhana tinggi.

b) Masukkan jintan manis dan kunyit dan masak sehingga biji mendesis, kira-kira 30 saat.

c) Masukkan bawang dan masak sehingga perang, kira-kira 3 minit, kacau perlahan-lahan untuk mengelakkan melekat.

d) Masukkan akar halia dan bawang putih. Masak selama 2 minit.

e) Masukkan tomato, cili, pes tomato, air, ketumbar, garam masala dan garam. Kecilkan api dan reneh selama 5 minit.

f) Masukkan bayam. Anda mungkin perlu melakukan ini secara berkelompok, menambah lagi apabila ia layu. Ia akan kelihatan seperti anda mempunyai terlalu banyak bayam, tetapi jangan risau. Semuanya akan dimasak. Percayalah!

g) Masak selama 7 minit, sehingga bayam layu dan masak. Kisar dengan pengisar rendaman atau dalam pengisar tradisional.

h) Masukkan tauhu dan masak selama 2 hingga 3 minit lagi. Hidangkan bersama roti atau naan.

91. Kacang bendi

HASIL: 4 CAWAN

bahan-bahan

- 2 sudu besar minyak
- 1 sudu teh biji jintan manis
- 1 sudu kecil serbuk kunyit
- 1 bawang besar kuning atau merah, dikupas dan dicincang sangat kasar
- 1 keping akar halia, kupas dan parut atau cincang
- 3 ulas bawang putih, dibersihkan dan dikisar, dikisar atau diparut
- 2 kilo bendi, basuh, keringkan, potong dan cincang
- 1-2 lada Thai, serrano atau cayenne, dicincang
- $\frac{1}{2}$ sudu kecil serbuk mangga
- 1 sudu teh serbuk cili merah atau cayenne
- 1 sudu teh garam masala
- 2 sudu kecil garam laut kasar

Arah

a) Dalam kuali yang dalam dan berat, panaskan minyak di atas api yang sederhana tinggi. Masukkan jintan manis dan kunyit. Masak sehingga biji mula mendesis, kira-kira 30 saat.

b) Masukkan bawang dan masak sehingga perang, 2 hingga 3 minit. Ini adalah langkah utama untuk bendi saya. Potongan bawang yang besar dan tebal hendaklah berwarna perang dan menjadi karamel sedikit. Ini akan menjadi asas yang lazat untuk hidangan akhir.

c) Masukkan akar halia dan bawang putih. Masak selama 1 minit, kacau sekali-sekala.

d) Masukkan bendi dan masak selama 2 minit, sehingga bendi bertukar menjadi hijau terang.

e) Masukkan cili, serbuk mangga, serbuk cili, garam masala dan garam. Masak selama 2 minit, kacau sekali-sekala.

f) Kecilkan api kepada perlahan dan tutup sebahagiannya. Masak selama 7 minit, kacau sekali-sekala.

g) Tutup api dan laraskan penutup supaya ia menutup periuk sepenuhnya. Biarkan selama 3 hingga 5 minit untuk membolehkan semua perisa menyerap.

h) Hiaskan dengan ketumbar dan hidangkan dengan nasi basmati perang atau putih, roti atau naan.

92. Ayam Cina Panas dan Berempah

Hasil: 4 hidangan

Bahan

1 Bawang besar

2 Lada cili -- atau lebih

4 TB minyak

1 TB halia kisar

1 TB Sherry

2 Kicap ringan TB

Penggoreng 2 lb

½ c sup ayam

1 Kicap ringan TB

2 Cuka wain TB

1 TB gula

½ sudu teh garam

1 sudu teh lada anise - atau 2

1 TB tepung jagung

a) Potong ayam ke dalam kepingan kecil, perap selama 15-20 minit dalam campuran halia, sherry, kicap. Potong bawang dan lada cili secara menyerong kepada kepingan 1 inci.

b) Kisar lada bilis hingga menjadi serbuk. Campurkan sup ayam, kicap, cuka wain, gula, garam dan lada sulah. Panaskan minyak. Masukkan bawang dan goreng beberapa kali.

c) Masukkan halia, sherry, campuran soya dan ayam ke dalam teh dan cili dan goreng selama 1-2 minit lagi. Masukkan bancuhan sup ayam, gaul rata.

d) Masak dengan api perlahan sehingga kepingan ayam empuk. Masukkan tepung jagung untuk pekat. Hidang.

93. Kacang pedas

HASIL: 5 CAWAN (1.19 L)

bahan-bahan

- 4 cawan kacang masak
- 1 kentang sederhana, direbus dan dipotong dadu
- ½ bawang merah sederhana, dikupas dan dipotong dadu
- 1 tomato sederhana, dipotong dadu
- 1 keping akar halia, kupas dan parut atau cincang
- 2-3 lada Thai, serrano atau cayenne hijau, dicincang
- Jus 1 lemon
- 1 sudu teh Chaat Masala
- ½ sudu teh garam laut kasar
- ½-1 sudu teh serbuk cili merah atau cayenne

Arah

c) Dalam mangkuk besar, campurkan semua bahan.

Rempah pedas

94. Poppers dengan kacang ayam

HASIL: 4 CAWAN

bahan-bahan

- 4 cawan kacang ayam masak atau 2 tin 12 auns kacang ayam
- 1 sudu besar garam masala, Chaat Masala atau Sambhar Masala
- 2 sudu kecil garam laut kasar 2 sudu besar minyak
- 1 sudu teh cili merah, cayenne atau serbuk paprika, ditambah lagi untuk taburan

Arah

a) Tetapkan rak ketuhar pada kedudukan tertinggi dan panaskan ketuhar pada 425°F (220°C). Lapik loyang dengan aluminium foil untuk memudahkan pembersihan.

b) Toskan kacang ayam dalam colander besar selama kira-kira 15 minit untuk menghilangkan kelembapan sebanyak mungkin. Jika menggunakan makanan dalam tin, bilas dahulu.

c) Dalam mangkuk besar, campurkan semua bahan dengan lembut.

d) Susun kacang ayam yang telah dibumbui dalam satu lapisan pada loyang.

e) Masak selama 15 minit. Keluarkan kuali dengan berhati-hati dari ketuhar, kacau perlahan-lahan supaya kacang ayam masak sekata dan masak selama 10 minit lagi.

f) Biarkan sejuk selama 15 minit. Taburkan serbuk cili merah, cayenne atau paprika.

95. Salad jagung jalanan

HASIL: 4 CAWAN

bahan-bahan

- 4 biji jagung, dibuang kulit dan dibersihkan
- Jus 1 lemon sederhana
- 1 sudu teh garam laut kasar
- 1 sudu kecil garam hitam (kala namak)
- 1 sudu teh Chaat Masala
- 1 sudu teh serbuk cili merah atau cayenne

Arah

a) Bakar jagung sehingga agak hangus.

b) Keluarkan biji dari jagung.

c) Masukkan biji jagung ke dalam mangkuk dan campurkan semua bahan lain. Hidangkan segera.

96. Salad buah masala

HASIL: 9-10 CAWAN

bahan-bahan

- 1 tebu masak sederhana masak, dikupas dan dipotong dadu (7 cawan [1.09 kg])
- 3 biji pisang sederhana, dikupas dan dihiris
- 1 cawan (100 g) anggur tanpa biji
- 2 biji pir sederhana, dibuang biji dan dipotong dadu
- 2 epal kecil, dibuang biji dan dipotong dadu (1 cawan [300 g])
- Jus 1 lemon atau limau nipis
- ½ sudu teh garam laut kasar
- ½ sudu teh Chaat Masala
- ½ sdt garam hitam (kala namak)
- ½ sudu kecil serbuk cili merah atau cayenne

Arah

a) Dalam mangkuk besar, campurkan semua bahan dengan lembut.

b) Hidangkan segera dalam fesyen makanan jalanan tradisional, dalam mangkuk kecil dengan pencungkil gigi.

97. Kentang Fenugreek-bayam

HASIL: 3 CAWAN

bahan-bahan

- 2 sudu besar minyak
- 1 sudu teh biji jintan manis
- 1 paket 12-auns bayam beku
- 1½ cawan daun fenugreek kering
- 1 kentang besar, dikupas dan dipotong dadu
- 1 sudu teh garam laut kasar
- ½ sudu kecil serbuk kunyit
- ¼ sudu teh serbuk cili merah atau cayenne
- ¼ cawan air

Arah

a) Dalam kuali yang berat, panaskan minyak di atas api yang sederhana tinggi.

b) Masukkan jintan manis dan masak sehingga biji mendesis, kira-kira 30 saat.

c) Masukkan bayam dan kecilkan api ke sederhana-rendah. Tutup kuali dan masak selama 5 minit.

d) Masukkan daun fenugreek, kacau perlahan-lahan, tutup dan masak selama 5 minit lagi.

e) Masukkan kentang, garam, kunyit, serbuk cili dan air. Gaul perlahan-lahan.

f) Letakkan penutup dan masak selama 10 minit.

g) Keluarkan kuali dari api dan biarkan ia duduk dengan penutup selama 5 minit lagi. Hidangkan bersama roti atau naan.

98. Kacang Masala Panggang atau Lentil

HASIL: 4 CAWAN

bahan-bahan

- 4 cawan kacang penuh atau lentil masak
- 1 sudu besar garam masala, Chaat Masala atau Sambhar Masala
- 2 sudu kecil garam laut kasar
- 2 sudu besar minyak
- 1 sudu teh cili merah, cayenne, atau serbuk paprika

Arah

a) Panaskan ketuhar hingga 425°F (220°C). Lapik loyang dengan aluminium foil untuk memudahkan pembersihan.

b) Dalam mangkuk besar, masukkan kacang atau lentil, masala, garam dan minyak perlahan-lahan.

c) Susun kacang atau lentil berperisa dalam satu lapisan pada lembaran pembakar yang disediakan.

d) Bakar selama 25 minit.

e) Taburkan dengan cili merah, cayenne atau paprika.

99. Kacang dengan daun kari

HASIL: 6 CAWAN (1.42 L)

bahan-bahan

- 2 sudu besar minyak kelapa
- ½ sudu teh serbuk asafetida (hingga).
- ½ sudu kecil serbuk kunyit
- 1 sudu teh biji jintan manis
- 1 sudu teh biji sawi hitam
- 15-20 helai daun kari segar, dicincang kasar
- 6 biji cili merah kering, dihiris kasar
- ½ bawang kuning atau merah sederhana, dikupas dan dipotong dadu
- 14 auns santan
- 1 cawan air
- 1 sudu kecil Serbuk Rasam atau Sambhar Masala
- 1½ sudu teh garam laut kasar
- 1 sudu teh serbuk cili merah atau cayenne
- 3 cawan (576 g) kacang atau lentil yang telah dimasak

- 1 sudu besar ketumbar yang baru dicincang, untuk hiasan

a) Dalam periuk yang dalam dan berat, panaskan minyak di atas api yang sederhana tinggi.

b) Masukkan asafetida, kunyit, jintan manis, sawi, daun kari dan cili merah. Masak sehingga biji berkerisik, kira-kira 30 saat. Biji sawi boleh muncul, jadi simpan tudung.

c) Masukkan bawang besar. Masak sehingga perang, kira-kira 2 minit, kacau selalu untuk mengelakkan melekat.

d) Masukkan santan, air, serbuk Rasam atau Sambhar Masala, garam dan serbuk cili. Didihkan, kemudian kecilkan api dan reneh selama 1 hingga 2 minit, sehingga perisa menyerap susu.

e) Masukkan kacang atau lentil. Panaskan dan masak selama 2 hingga 4 minit, sehingga sayur-sayuran diselitkan dengan rasa. Tambah secawan air jika anda mahukan konsistensi yang lebih sup. Hidangkan segera, dihiasi dengan ketumbar, dalam mangkuk dalam beras basmati perang atau putih.

100. Kari inspirasi Sambhar di atas dapur

HASIL: 9 CAWAN

bahan-bahan

- 2 cawan (396 g) kacang atau lentil yang telah dimasak
- 9 cawan (2.13 L) air
- 1 kentang sederhana, dikupas dan dipotong dadu
- 1 sudu kecil pes asam jawa
- 5 cawan (750 g) sayur-sayuran (gunakan pelbagai jenis), dipotong dadu dan dihiris
- 2 sudu besar Sambhar Masala
- 1 sudu besar minyak
- 1 sudu teh serbuk asafetida (hingga) (pilihan)
- 1 sudu besar biji sawi hitam
- 5-8 tangkai cili merah kering, dicincang kasar
- 8-10 helai daun kari segar, dicincang kasar
- 1 sudu teh serbuk cili merah atau cayenne
- 1 sudu besar garam laut kasar

Arah

a) Dalam periuk sup dalam dengan api sederhana tinggi, satukan kacang atau lentil, air, kentang, asam jawa, sayur-sayuran dan Sambhar Masala. Biarkan mendidih.

b) Kecilkan api dan reneh selama 15 minit, sehingga sayur-sayuran layu dan empuk.

c) Sediakan pembajaan (tarka). Dalam kuali kecil, panaskan minyak di atas api sederhana tinggi. Masukkan asafetida (jika guna) dan biji sawi. Mustard mempunyai kecenderungan untuk pecah, jadi simpan tudung.

d) Bila biji dah mula timbul, cepat-cepat masukkan cili dan daun kari. Masak selama 2 minit lagi, kacau selalu.

e) Apabila daun kari mula menjadi perang dan mendesis, masukkan adunan ini ke dalam lentil. Masak selama 5 minit lagi.

f) Masukkan serbuk cili dan garam. Hidangkan sebagai sup yang enak, sebagai sampingan tradisional untuk dosa atau dengan beras basmati perang atau putih.

www.ingramcontent.com/pod-product-compliance
Lightning Source LLC
Chambersburg PA
CBHW070507120526
44590CB00013B/771